LE FRANÇAIS ESSENTIEL 3

Fundamentals of French

Gail Stein

Foreign Language Department
New York City Schools

AMSCO SCHOOL PUBLICATIONS, INC.,
a division of Perfection Learning®

Text and Cover Design by A Good Thing, Inc.
Illustrations by Felipe Galindo

© 2005 by Amsco School Publications, Inc.,
a division of Perfection Learning®

Please visit our Web sites at:
www.amscopub.com and *www.perfectionlearning.com*

When ordering this book, please specify:
Hardcover: ISBN 978-1-56765-326-7 or **13645**

All rights reserved. No part of this book may be reproduced, stored in a retrieval system, or transmitted in any form or by any means, electronic, mechanical, photocopying, recording, or otherwise, without the prior permission of the publisher. For information regarding permissions, write to: Permissions Department, Perfection Learning, 2680 Berkshire Parkway, Des Moines, Iowa 50325.

4 5 6 7 8 9 10   20 19 18 17 16 15

Printed in the United States of America

Preface

Le Français essentiel 3 is designed to give students a comprehensive review and thorough understanding of the elements of the French language covered in a typical third-year course. Abundant and varied exercises conforming to the modern-day communicative approach to second language acquisition will help students master each phase of the work. *Le Français essentiel 3* is intended as a supplementary review that provides additional practice to exercises contained in a basal textbook series.

ORGANIZATION

Le Français essentiel 3 contains 25 chapters organized around related grammatical topics. Explanations are clear, concise, and to the point. They are followed by examples demonstrating how to manipulate structural elements effectively in order to acquire natural and authentic communication skills. Practice exercises relate to daily life situations and make use of the topical vocabulary needed for the more extensive mastery required on this level.

GRAMMAR

Each chapter deals fully with one major grammatical topic or several closely related ones. Explanations of structures are brief and straightforward. All structural points are illustrated by several examples, in which key elements are typographically highlighted.

Le Français essentiel 3 covers a basic grammatical sequence for this level. Although students have completed a basic sequence in French, care has been taken to avoid the use of overly complex, grammatical elements. To enable the students to focus on structural practice, the vocabulary has been carefully controlled and systematically recycled throughout the book.

EXERCISES

For maximum learning efficiency, the exercises directly follow the points of grammar and their accompanying examples. They then proceed from simple integration to more challenging management of the structures presented. The exercises are set in real-life, communicative situations and require the students to perform tasks that would be expected in a variety of everyday settings. Each chapter contains activities that are personalized to stimulate student response and cooperative learning and to practice functional writing skills on this more advanced level.

FLEXIBILITY

The integrated completeness of each chapter around a specific structural topic allows the teacher to follow any sequence suitable to the objectives of the course and the needs of the students. This flexibility is facilitated by the detailed table of contents in front of the book.

OTHER FEATURES

The Appendix features model verb tables and the principal parts of common irregular verbs, common reflexive verbs, prepositions, and basic rules of French punctuation and syllabication. French-English and English-French vocabularies complete the book.

Le Français essentiel 3 is an up-to-date review book that provides comprehensive coverage of the elements of level-three French. It provides clear and succinct explanations, ample practice materials, and functional, high-frequency vocabulary that will enable students of French to strengthen their second language skills and pursue proficiency on a higher level.

Gail Stein

Contents

1. **Numbers, Time, and Dates** 1
   1. Cardinal Numbers
   2. Nouns of Number
   3. Ordinal Numbers
   4. Fractions
   5. Multiples
   6. Titles of Rulers
   7. Time
   8. Days, Months, Season, and Dates

2. **Subject Pronouns and the Present Tense** 15
   1. Subject Pronouns
   2. *Ce + être*
   3. Forms of the Present Tense in Regular Verbs
   4. The Present Tense of Certain *-er* Verbs
   5. Verbs Irregular in the Present Tense
   6. Uses of the Present Tense

3. **Negation** 30
   1. Negative Forms
   2. Common Negative Expressions

4. **Interrogation and Exclamations** 37
   1. Asking a Yes/No Question Using Intonation, *est-ce que, n'est-ce pas* and Inversion
   2. Interrogative Adverbs
   3. Interrogative Adjectives
   4. Interrogative Pronouns
   5. Variable Interrogative Pronouns
   6. Exclamations

5. **Imperative** 47
   1. Imperative of Regular Verbs
   2. Imperative of Irregular Verbs

6. **Articles and Nouns** 53
   1. Forms and Uses of the Definite Article
   2. Forms and Uses of the Indefinite Article
   3. Forms and Uses of the Partitive Article
   4. Demonstrative Adjectives
   5. Gender of Nouns
   6. Plural of Nouns
   7. Nouns of Quantity

7. **Object Pronouns** 67
   1. Direct and Indirect Object Pronouns
   2. The Pronoun *y*
   3. The Pronoun *en*
   4. Double Object Pronouns

8. **Relative, Stress, and Demonstrative Pronouns** 78
   1. Relative Pronouns
   2. Stress Pronouns
   3. Demonstrative Pronouns
   4. *Ceci, cela (ça)*

9. **Prepositions** 89
   1. Common Prepositions and Prepositional Phrases
   2. Prepositional Modifiers
   3. Prepositions Used Before an Infinitive
   4. Nouns and Adjectives followed by Prepositions
   5. Prepositions With Geographical Expressions
   6. Expressions Introduced by *à*
   7. Expressions Introduced by *de, en,* and *par*

10. **Possession** 101
    1. Expression Possession
    2. Possessive Adjectives
    3. Possessive Pronouns

11. **Adjectives and Adverbs** 106
    1. Adjectives
    2. Adverbs

12. **Comparison** 119
    1. Comparison of Inequality
    2. Comparison of Equality
    3. Comparative and Superlative Expressions

13. ***Passé Composé*** 127
    1. Verbs Conjugated With *avoir*
    2. Negative Constructions
    3. Interrogative Constructions
    4. Irregular Verbs Conjugated With *avoir*

5. Agreement of Past Participles With *avoir*
6. Verbs Conjugated With *être*
7. Agreement of Past Participles With *être*
8. Special Verbs

14. Imperfect Tense *136*
1. Imperfect Tense of Regular Verbs
2. Spelling Changes in Certain *-er* Verbs
3. Imperfect Tense of Irregular Verbs
4. Uses of the Imperfect
5. The Imperfect With Expressions of Time

15. *Passé Composé* and Imperfect Compared *142*

16. The *Passé Simple* *149*
1. The *passé simple* of Regular Verbs
2. Spelling Changes in the *passé simple*
3. *Passé simple* of Irregular Verbs

17. Future Tense *155*
1. Future Tense of Regular Verbs
2. Spelling Changes in the Future Tense
3. Verbs Irregular in the Future Tense
4. Uses of the Future Tense

18. Conditional *160*
1. Conditional of Regular Verbs
2. Spelling Changes in the Conditional
3. Verbs Irregular in the Conditional
4. Uses of the Conditional
5. Conditional Sentences

19. Pluperfect, Future Perfect, and Past Conditional Tenses *168*
1. Simple and Compound Tenses Compared
2. Pluperfect (*Plus-que-parfait*)
3. Future Perfect (*Futur antérieur*)
4. Past Conditional (*Conditionnel passé*)
5. Compound Tenses in Conditional Sentences

20. Present and Perfect Participles *174*
1. Forms of the Present Participle
2. Uses of the Present Participle
3. Perfect Participle

21. Reflexive Verbs *179*
1. Reflexive Verbs in Simple Tenses
2. Reflexive Verbs in Compound Tenses
3. Reflexive Commands
4. Reflexive Constructions With Infinitives and Participles
5. Uses of Reflexive Verbs

22. Passive Constructions *190*
1. Forms and Use of the Passive
2. Substitute Constructions for the Passive

23 Subjunctive *196*
1. Subjunctive in French
2. Present Subjunctive of Regular Verbs
3. Present Subjunctive of Verbs With Two Stems
4. Present Subjunctive of Irregular Verbs
5. Subjunctive after Impersonal Expressions
6. Past Subjunctive

24. Other Uses of the Subjunctive *204*
1. Subjunctive After Certain Verbs and Expressions
2. Subjunctive After Certain Conjunctions
3. Subjunctive in Relative Clauses
4. Subjunctive After Superlative Expressions
5. Subjunctive in Third-Person Commands

25. Indefinites *212*
1. Forms
2. Uses

Appendix *223*
1. Verbs With Regular Forms
2. *-er* Verbs With Spelling Changes
3. Verbs With Irregular Forms
4. Common Prepositions
5. Punctuation
6. Syllabication

French-English Vocabulary *237*

English-French Vocabulary *250*

CHAPTER 1
Numbers, Time, and Dates

1. Cardinal Numbers

0	zéro	19	dix-neuf	81	quatre-vingt-un
1	un	20	vingt	82	quatre-vingt-deux
2	deux	21	vingt et un	90	quatre-vingt-dix
3	trois	22	vingt-deux	91	quatre-vingt-onze
4	quatre	30	trente	92	quatre-vingt-douze
5	cinq	40	quarante	100	cent
6	six	50	cinquante	101	cent un
7	sept	60	soixante	200	deux cents
8	huit	70	soixante-dix	231	deux cent trente et un
9	neuf	71	soixante et onze	1.000	mille
10	dix	72	soixante-douze	1.001	mille un
11	onze	73	soixante-treize	1.100	mille cent / onze cents
12	douze	74	soixante-quatorze	1.300	mille trois cents / treize cents
13	treize	75	soixante-quinze		
14	quatorze	76	soixante-seize	4.000	quatre mille
15	quinze	77	soixante-dix-sept	100.000	cent mille
16	seize	78	soixante-dix-huit	1.000.000	un million
17	dix-sept	79	soixante-dix-neuf	one billion	un milliard
18	dix-huit	80	quatre-vingts		

NOTE: 1.   The conjunction *et* (and) is used only for the numbers 21, 31, 41, 51, 61, and 71. In all other compound numbers through 99 the hyphen is used. *Un* becomes *une* before a feminine noun.

   vingt *et un* chapitres   *21 chapters*
   vingt *et une* pages   *21 pages*

2. To form 70 to 79, use *soixante* plus *dix, onze, douze*, etc.. To form 90 to 99, use *quatre-vingt* plus *dix, onze, douze*, etc.

   soixante-quinze **livres**   *75 books*
   quatre-vingt-quinze **pour cent** *95 per cent*

3. For *quatre-vingts* (80) and multiples of *cent* drop the *s* before another number, but not before a noun.

   quatre-vingts **secondes**   *80 seconds*
   quatre-vingt-douze **secondes**   *92 seconds*
   deux cents **minutes**   *200 minutes*
   deux cent dix **minutes**   *210 minutes*

4. *Cent* and *mille* are not preceded by the indefinite article.

   cent **jours**   *100 days*
   mille **années**   *1,000 years*

5. *Mille* does not change in the plural.

   huit mille gens 8,000 people

6. *Mille* often becomes *mil* in dates followed by another number.

   Il est né en *mil* neuf cent quatre-vingt-dix-huit. He was born in 1998.

   Ce garçon est né en l'an deux mille. That boy was born in 2000.

   Cette femme est morte en deux *mil* quatre. That woman died in 2004.

7. *Million* and *milliard* are nouns and must be followed by *de* if another noun follows:

   un *million de* dollars a (one) million dollars

   deux *milliards d'*euro two billion euros

8. In numerals and decimals, where English uses periods, French uses commas and vice versa. The period marking thousands is often replaced by a space.

   6.000/6 000 six mille 6,000 six thousand

   0,02 zéro virgule zéro deux 0.02 point zero two

   $9,20 neuf dollars vingt $9.20 nine dollars and twenty cents

9. The following expressions are used in arithmetic problems in French.

   et *plus* **divisé par** *divided by*
   moins *minus* **font** *equals*
   fois *multiplied by*

EXERCISE A **Les timbres.** Écrivez les dates et la valeur en francs et centimes de chaque timbre.

EXAMPLE: DATE: **mil neuf cent quatre-vingt-seize**
VALEUR: **six francs, soixante-dix centimes**

Numbers, Time, and Dates   3

1. DATE: _____

   VALEUR: _____

2. DATES: _____
   _____
   _____
   _____

   VALEUR: _____

3. DATES: _____
   _____

   VALEUR: _____

4. DATE: _____

VALEUR: _____

2. Nouns of Number

Collective nouns express rounded-off numbers. These numerals are followed by *de* before another noun to which an *s* is added for its plural. The most frequent are:

une dizaine   *about ten*
une douzaine   *a dozen*
une quinzaine   *about fifteen*
une vingtaine   *about twenty*
une quarantaine   *about forty*
une centaine   *about one hundred*
un millier   *(about) one thousand*
un million   *a million*
un milliard   *a billion*

trois douzaines **d'œufs**	*three dozen eggs*
une cinquantaine **de gens**	*about fifty people*
des milliers **d'hommes**	*thousands of men*
un million **de dollars**	*a million dollars*

EXERCISE B   Les statistiques de la France. Complétez les statistiques en écrivant le nombre en français.

1. La France métropolitaine est divisé en (22) _____ régions.

2. Ces régions sont divisées en (96) _____ départements.

3. Mont Blanc, le plus haut sommet, est à (4807) _____ mètres d'altitude.

4. Il y a (14,932) _____
   kilomètres de voies navigables.

5. La France a une superficie de (547,030) _____
   kilomètres carrés.

6. La population de la France est plus de (59,750,000) _____
   d'habitants.

EXERCISE C   Les estimations.   Écrivez l'estimation en français.

EXAMPLE: ~15   Marie a fait **une quinzaine** de fautes.

1.   ~10   Il faut attendre un taxi _____ de minutes.
2.   ~12   Mme Ronsard a reçu _____ de roses pour la Fête des mères.
3.   ~40   Il y a _____ de pays francophones dans le monde.
4.   ~50   M. et Mme Picard sont mariés _____ d'années.
5.   ~100 Sylvie a _____ de pages à lire.
6.   ~1,000,000   J'ai gagné _____ d'euro à la loterie.

3. Ordinal Numbers

1st	premier, première	7th	septième	20th	vingtième
2nd	deuxième or second(e)	8th	huitième	21st	vingt et unième
3rd	troisième	9th	neuvième	72nd	soixante-douzième
4th	quatrième	10th	dixième	100th	centième
5th	cinquième	11th	onzième	101st	cent unième
6th	sixième	12th	douzième		

NOTE: 1. Ordinal numbers are adjectives and agree in gender and number with the noun they modify. *Premier* and *second* are the only ordinal numbers to have a feminine form different from the masculine form.

   Ils sont les *premiers* à arriver.   *They are the first ones to arrive.*
   Les *dixièmes* anniversaires sont joyeux.   *Tenth anniversaries are joyous.*

2. Except for *premier* and *second*, ordinal numbers are formed by adding *–ième* to the cardinal numbers. Silent *e* is dropped before *–ième*.

3. Note the *u* in *cinquième* and the *v* in *neuvième*.

4. *Second(e)* generally replaces **deuxième** in a series which does not go beyond two.

    sa *seconde* pièce   *his/her second play*

5. The final vowel of *le* or *la* remains before *huit, huitième, onze,* and *onzième*.

    le *huitième* mois   *the eighth month*
    le *onze* mai   *May 11th*

6. Ordinal numbers are abbreviated as follows in French:

    premier 1er (première 1re)   **deuxième 2e**   **trentième 30e**

EXERCISE D

Le classement. Exprimez comment la France se compare aux autres pays du monde.

Classement			
Nombre de milliardaires	7	Lauréats du Prix Nobel	4
Propreté	13	Médailles Olympiques	4
Nombre d'ordinateurs utilisés	5	Qualité de la vie	12
Espérance de vie	19	Richesse	17
Dépenses militaires	3	Tourisme	1

EXAMPLE: Médailles olympiques?   La France occupe le **quatrième** rang.

1. Qualité de la vie? _____
2. Nombre de milliardaires? _____
3. Richesse? _____
4. Espérance de vie? _____
5. Tourisme? _____
6. Propreté? _____

4. Fractions

1/2	la moitié, un demi
1/3	un tiers
3/4	trois quarts
1/5	un cinquième
4/7	quatre septièmes
5/8	cinq huitièmes
44/100	quarante-quatre centièmes

NOTE: 1. Fractions are formed by combining cardinal and ordinal numbers. Only *demi, moitié, tiers,* and *quart* are irregular.

2. *Moitié*, a noun, is used with an article. *Demi,* generally used as an adjective, is invariable when used with a hyphen before the noun. When it follows the noun, there is agreement.

la *moitié* du gâteau	*half the cake*
une *demi*-douzaine d'œufs	*a half dozen eggs*
une heure et *demie*	*an hour and a half*

EXERCISE E Le budget. Les Legrand ont un budget. Exprimez combien ils payent chaque chose.

1. (1/4) _____ pour le loyer.
2. (1/10) _____ pour les divertissements.
3. (1/6) _____ pour les vêtements.
4. (1/12) _____ pour les services publics.
5. (1/5) _____ pour la nourriture.

5. Multiples

Multiples are used in French in the same way that they are used in English

une fois *one time* **simple** *single, simple*
deux fois *twice* **double** *double*

trois fois *three times*   **triple** *triple*

J'ai vu ce film *trois fois*. — *I've seen that film three times.*
Il a fait le *triple* de ce que tu as fait. — *He did three times as much as you did.*
Elle a reçu un aller *simple*. — *She received a one-way ticket.*

6. Titles of Rulers

Charles *premier* (Charles Ier) — *Charles the First*

But:

Henri *deux* (Henri II) — *Henry the Second*
Louis *quatorze* (Louis XIV) — *Louis the Fourteenth*

EXERCISE F   Les quantités.   Complétez chaque phrase avec le mot convenable.

une fois	triple	quatorzième
deux fois	une demie	trois quarts
simple	la moitié	un quart
double	quatorze	

1. J'ai fait beaucoup d'exercice et maintenant mon cœur bat _____ plus vite qu'à l'ordinaire.

2. On achète un billet _____ si on n'a pas envie de retourner dans une ville.

3. Michel gagne cinq dollars l'heure. Éric gagne quinze dollars l'heure. Éric gagne le _____ de ce que Michel gagne.

4. Une pizza est divisée en huit tranches. Lucien en mange quatre. En effet, il mange _____ de la pizza.

5. Caroline reste dans un hôtel en France qui s'appelle L'Hôtel du Roi-Soleil. Cet hôtel est nommé pour le roi Louis _____.

6. Quarante-cinq minutes est l'équivalent de _____ d'une heure.

7. Time

Quelle heure est-il?	What time is it?
Il est une heure.	It is one o'clock.
Il est une heure dix.	It is 1:10.
Il est une heure et quart.	It is 1:15.
Il est une heure vingt-cinq.	It is 1:25.
Il est une heure et demie.	It is 1:30.
Il est deux heures moins vingt-cinq.	It is 1:35.
Il est deux heures moins vingt.	It is 1:40.
Il est deux heures moins le quart.	It is 1:45.
Il est deux heures moins dix.	It is 1:50.
Il est deux heures moins cinq.	It is 1:55.
Il est midi.	It is noon.
Il est minuit.	It is midnight.
Il est midi (minuit) et demi.	It is half-past twelve.

NOTE:

1. To express time after the hour, the number of minutes is placed directly after the hour; *et* is used only with *quart* and *demi(e)*. To express time before the hour, *moins* is used. *Moins le* is used before a quarter to the hour.

2. *Midi* and *minuit* are masculine.

3. To express the time of day, *du matin* expresses A.M., *de l'après-midi* expresses early P.M. and *du soir* expresses late P.M..

   Il est cinq heures *du matin (de l'après-midi)*.   It is 5 A.M. (P.M.)

4. In public announcements such as timetables, the "official" twenty-four-hour system is commonly used, with midnight as the zero hour. The words *minuit, midi, quart,* and *demi* are not used and the number of minutes is expressed by a full number.

0h40	zéro heure quarante	12:40 A.M.
9h15	neuf heures quinze	9:15 A.M.
14h30	quatorze heures trente	2:30 P.M.
23h45	**vingt-trois heures quarante-cinq**	11:45 P.M.

5. To express "at" a certain time, use the preposition *à*.

À quelle heure est-ce que tu viens? *At what time are you coming?*
À six heures. *At 6:00.*

6. Some common time expressions are:

à **une heure (cinq heures) précise(s)** *at one (five) o'clock sharp*
vers **six heures** *at about 6 o'clock*
un quart d'heure *a quarter of an hour*
une demi-heure *a half hour*
il y a une heure *an hour ago*

EXERCISE G *À quelle heure...?* Exprimez à quelle heure chaque événement se passe.

1. Il est trois heures et demie. Albert est arrivé chez lui il y a deux heures et quart. À quelle heure est-ce qu'Albert est arrivé chez lui?

   _____

2. Charlotte regarde sa montre. Il est quatre heures moins le quart. Elle va sortir dans quarante-cinq minutes. À quelle heure va-t-elle sortir?

   _____

3. Julie va au centre commercial à neuf heures vingt du matin. Elle passe une heure et demie là-bas. À quelle heure va-t-elle quitter le centre commercial?

   _____

4. Raymond joue au base-ball dans le parc à deux heures moins le quart. Il peut rester au parc seulement cinquante minutes. À quelle heure doit-il quitter le parc?

   _____

5. Suzette veut regarder une émission à la télévision. L'émission commence à huit heures vingt-cinq et dure une heure et quart. À quelle heure est-ce que l'émission finit?

   _____

6. Il est sept heures moins dix. Claudine a un rendez-vous avec Jean dans une demi-heure. À quelle heure a-t-elle son rendez-vous?

   _____

8. Days, Months, Seasons, and Dates

LES JOURS DE LA SEMAINE	LES MOIS DE L'ANNÉE	LES QUATRE SAISONS
lundi Monday mardi Tuesday mercredi Wednesday jeudi Thursday vendredi Friday samedi Saturday dimanche Sunday	janvier January février February mars March avril April mai May juin June juillet July août August septembre September octobre October novembre November décembre December	l'hiver winter le printemps spring l'été summer l'automne autumn

NOTE:
1. Days, months, and seasons are all masculine and are not capitalized in French.

2. To express "in" with months and seasons, *en* is used, except with *printemps*, when *au* is used.

   en **juin** *in June*   *en* **hiver** *in the winter*

   But: **au printemps** *in the spring*

3. The definite article is used with days of the week in a plural sense. If the day mentioned is a specific day, the article is omitted.

   Le **dimanche je fais le ménage.**   *On Sunday(s) I do housework.*
   Téléphone-moi samedi matin.   *Call me back (on) Saturday morning.*

DATES	
Quelle est la date d'aujourd'hui?	*What is today's date?*
Quel jour (de la semaine) est-ce aujourd'hui? **Quel jour sommes-nous aujourd'hui?**	*What day of the week is today?*
C'est aujourd'hui vendredi, le trois mai. **(Aujourd'hui) nous sommes vendredi, le trois mai.**	*Today is Friday, May 3rd.*

NOTE: 1. In dates, *le premier* is used for the first day of the month. For all other days, cardinal numbers are used.

C'est *le premier* (*le onze*) décembre.   *It's December 1st (11th).*

2. Years are commonly expressed in hundreds, as in English. The word for one thousand in dates, if used, is often written *mil* when another number follows. Note the dates starting in the year 2000.

Éric est né en *mil neuf cent* (*dix-neuf cent*) soixante-quatorze.   *Eric was born in 1974.*

Je suis allé en Europe en l'an *deux mille*.   *I went to Europe in 2000.*

Il est devenu docteur en (l'an) *deux mil un*.   *He became a doctor in 2001.*

3. The date follows the sequence day, month, year.

le 14 septembre 2004   14.9.04   *September 14, 2004   9/14/04*

4. A date may be written in three ways. For example,

mardi 18 avril 2004
le mardi 18 avril 2004
mardi, le 18 avril 2004

5. Other common expressions using dates are:

dans quinze jours	*in two weeks*
au mois d'août	*in the month of August*
il y a huit jours	*a week ago*
d'aujourd'hui en quinze	*two weeks from today*

EXERCISE H   Les fêtes. Chaque saison a ses fêtes. Donnez la saison, le jour, et la date de chaque fête française.

EXAMPLE: Thurs. Dec. 25 - Noël
En **hiver, jeudi, le vingt-cinq décembre** on célèbre Noël.

1. Mon. Nov. 11 – L'Armistice

_____ le président de la République dépose des fleurs sur la Tombe du Soldat inconnu sous l'Arc de Triomphe.

2. Sat. Feb. 2 – La Chandeleur

_____ autrefois on allumait des bougies et aujourd'hui on mange des crêpes.

3. Tues. Jan. 1 – Le Jour de l'An

_____ les adultes s'offrent des étrennes.

4. Sun. July 14 – La Prise de la Bastille

   _____ il y a un grand défilé militaire sur les Champs-Élysées devant le Président de la République.

5. Wed. May 8 – La victoire de 1945

   _____ on commémore la victoire de 1945.

6. Fri. Apr. 1 – Le poisson d'avril

   _____ les enfants découpent des poissons et les mettent au dos des autres.

EXERCISE 1 **Les anniversaires de naissance.** Écrivez en français la date d'anniversaire de chaque français célèbre.

EXAMPLE: (Wednesday, Jan. 6, 1412) Jeanne d'Arc
Jeanne d'Arc est née **mercredi, le six janvier, quatorze cent (mil quatre cent) douze.**

1. (Wednesday, March 31, 1596) René Descartes

   _____

   _____

2. (Thursday, June 19, 1623) Blaise Pascal

   _____

   _____

3. (Sunday, November 2, 1755) Marie Antoinette

   _____

   _____

4. (Friday, February 8, 1828) Jules Verne

   _____

   _____

5. (Monday, December 27, 1948) Gérard Depardieu

   _____

   _____

6. (Saturday, August 1, 1936) Yves St. Laurent

___

EXERCISE J   **Les activités.** Écrivez trois questions en français qui demandent à quelle heure une person fait certaines activités. Ensuite lisez vos questions à trois camarades de classes différents et écrivez leurs réponses.

EXAMPLE: À quelle heure est-ce que tu dînes?
Je dîne à **six heures.**

CHAPTER 2
Subject Pronouns and the Present Tense

1. Subject Pronouns

A pronoun is a word used in place of a noun. A subject pronoun is used in place of a subject noun.

SUBJECT PRONOUNS			
SINGULAR		**PLURAL**	
je (j')	I	nous	we
tu	you (familiar)	vous	you (formal singular or plural)
il	he, it	ils	they (masculine or masculine and feminine)
elle	she, it	elles	they (feminine only)
on	one, you, we, they		

NOTE: 1. The *e* of *je* is dropped when the next word begins with a vowel or vowel sound.

  J'écoute. *I'm listening.*
  J'habite Paris. *I live in Paris.*

2. *Tu* is used to address a friend, a relative, a child, or a pet. When addressing one person *vous* is used to show respect, or to speak to an older person or someone one does not know well. When addressing two or more persons, *vous* is always used no matter what the relationship.

   ***Tu* es un bon ami.** (informal) *You are a good friend.*
   ***Vous* êtes mon meilleur élève.** (formal) *You are my best student.*
   Vous êtes jumeaux? *Are you twins?*

3. *Il, elle, ils, elles* refer to both persons and things. Use *ils* to refer to several nouns of different genders.

   Les filles (*Elles*) parlent. *The girls (They) are speaking.*
   Cette île (*Elle*) est magnifique. *That island (It) is magnificent.*
   Ce garçon et cette fille (*Ils*) dansent bien. *That boy and that girl (They) dance well.*

4. *On* means one or someone and may also refer to an indefinite you, we, they, or people in general. In spoken French, *on* often replaces *nous*.

   ***On* parle français au Sénégal.** *They speak French in Senegal.*
   ***On* part?** *Shall we go?*

Chapter 2

EXERCISE A   **Les opinions.** Complétez les opinions de chaque personne en employant le pronom qui manque.

1. Georgette? _____ joue drôlement bien du violon.
2. Bernard et moi? _____ préférons le football.
3. Jules et toi? _____ êtes vraiment forts en maths.
4. Lise et Renée? _____ ont beaucoup d'amis.
5. Georges et Grégoire? _____ sont toujours de bonne humeur.
6. M. Renaud? _____ est très sportif.

2. *Ce + être*

Ce (*c'*) (it, this, they, these) is used most frequently with the verb *être*. *Ce* is used to introduce someone or something and can replace *il*, *elle*, *ils*, or *elles* in the following constructions:

(1) Before a modified noun

C'est Mme Gérard. *Elle* est avocate.	*It's Mrs. Gérard. She's a lawyer.*
C'est une avocate célèbre.	*She's a famous lawyer.*

(2) Before a proper noun

Qui est à l'appareil? *C'est Raymond.*	*Who's on the phone? It's Raymond.*

(3) Before a pronoun

Ce **sont les miens.**	*They (These, Those) are mine.*
C'est celui de mon frère.	*It's my brother's.*
Elle doute que *ce* soit eux.	*She doubts it was they.*

(4) Before a superlative

C'est la meilleure voiture.	*It's the best car.*

(5) In dates

C'est le douze avril.	*It's April 12th.*

(6) Before a masculine singular adjective to refer to an idea or action previously mentioned. When referring to a preceding noun, *il* and *elle* are used.

Marie est la plus douée. C'est évident.	*Marie is the most gifted. It's evident.*
J'ai lu ce livre. *Il* est vraiment bon.	*I read this book. It is really good.*

(7) Before an adjective + *à* + infinitive

C'est facile à dessiner.	*It's easy to draw.* (The picture, design, etc. is easy to draw.)

NOTE: 1. *Il* (It) is used with *être* and an adjective before *de* + infinitive.

   ***Il* est facile de dessiner.** *It is easy to draw.* [Drawing (in general) is easy.]

2. *Il* is used with *être* and an adjective before a clause beginning with *que*.

   ***Il* est important que tu arrives tôt.** *It is important that you arrive early.*

3. *Ceci* and *cela* (*ça*) replace *ce* for emphasis or contrast.

   ***Ceci* est nécessaire et *cela* ne l'est pas.** *This is necessary and that isn't.*
   ***Cela* (*Ça*) ne se fait pas.** *That isn't done.*

EXERCISE B   **Les faits.** Exprimez les faits en employant *c'est* ou *il est*.

1. Le français? _____ facile à parler.

2. Ce film? _____ bon.

3. Quelle heure est-il? _____ midi.

4. La femme là-bas? _____ Mme Leduc.

5. Qui parle trop fort? _____ Jacques.

6. Quelle est la date? _____ le douze avril.

7. Cet homme-là? _____ docteur.

8. Cet exercice? _____ clair que tu le comprends.

3. Forms of the Present Tense in Regular Verbs

The present tense of regular verbs is formed by dropping the infinitive ending (*-er, -ir, -re*) and adding the ending italicized below.

jouer *to play*		obéir *to obey*		perdre *to lose*	
je joue	I play	j'obéis	I obey	je perds	I lose
tu joues	you play	tu obéis	you obey	tu perds	you lose
il joue	he plays	il obéit	he obeys	il perd	he loses
nous jouons	we play	nous obéissons	we obey	nous perdons	we lose
vous jouez	you play	vous obéissez	you obey	vous perdez	you lose
ils jouent	they play	ils obéissent	they obey	ils perdent	they lose

NOTE:
1. The third person singular of *rompre* and *interrompre* ends in *–t*

   il romp*t*   **elle interromp*t***

2. When one subject is followed by two verbs, the first verb is conjugated and the second verb remains in the infinitive.

   Ils *désirent sortir*.   *They want to leave.*

Common *–er* Verbs:

accompagner *to accompany*	**donner** *to give*
adorer *to adore*	**durer** *to last*
aider *to help*	**écouter** *to listen (to)*
aimer *to like, love*	**emballer** *to wrap up*
ajouter *to add*	**embrasser** *to hug; kiss*
allumer *to light*	**emprunter** *to borrow*
apporter *to bring*	**entrer** *to enter*
arriver *to arrive*	**épouser** *to marry*
assister (à) *to attend*	**étudier** *to study*
bavarder *to chat*	**éviter** *to avoid*
cacher *to hide*	**expliquer** *to explain*
chanter *to sing*	**exprimer** *to express*
chercher *to look for*	**fermer** *to close*
collectionner *to collect*	**fêter** *to celebrate*
commander *to order*	**fonctionner** *to work*
compter *to count*	**frapper** *to hit*
continuer *to continue*	**gagner** *to win, earn*
couper *to cut*	**garder** *to keep, watch, take care of*
coûter *to cost*	**goûter** *to taste*
crier *to shout*	**gronder** *to scold*
cuisiner *to cook*	**habiter** *to live (in)*
danser *to dance*	**inviter** *to invite*
décoller *to take off (plane)*	**jouer** *to play*
décorer *to decorate*	**laisser** *to leave, let*
déjeuner *to eat lunch*	**laver** *to wash*
demander *to ask*	**louer** *to rent*
demeurer *to live*	**marcher** *to walk*
dépenser *to spend (money)*	**mériter** *to deserve*
désirer *to desire*	**monter** *to go up*
dîner *to dine*	**montrer** *to show*
distribuer *to distribute*	**organiser** *to organize*

oublier *to forget*
pardonner *to excuse*
parler *to speak*
participer *to participate*
passer *to pass, spend (time)*
patiner *to skate*
penser *to think*
plaisanter *to joke*
pleurer *to cry*
porter *to wear, carry*
poser *to place*
pousser *to push, grow*
pratiquer *to practice*
préparer *to prepare*
présenter *to present, introduce*
prêter *to lend*
quitter *to leave, remove*
raconter *to tell*
ramasser *to pick up; collect*
rater *to fail*
regarder *to look at, watch*
regretter *to regret*
remarquer *to notice*

remercier *to thank*
rencontrer *to meet*
rentrer *to return*
réparer *to repair*
rester *to remain, stay*
retourner *to return*
saluer *to greet*
sembler *to seem*
sonner *to ring*
souhaiter *to wish*
surveiller *to watch*
téléphoner *to telephone*
terminer *to end*
tirer *to pull*
tomber *to fall*
tousser *to cough*
travailler *to work*
traverser *to cross*
trouver *to find*
utiliser *to use*
vider *to empty*
visiter *to visit*

Common –*ir* Verbs:

accomplir *to accomplish*
agir *to act*
applaudir *to applaud, clap*
atterrir *to land (plane)*
avertir *to warn*
bâtir *to build*
choisir *to choose*
désobéir *to disobey*
finir *to finish*
garantir *to guarantee*
garnir *to garnish*
grandir *to grow*
grossir *to become fat*
guérir *to cure*

maigrir *to become thin*
nourrir *to nourish, feed*
obéir *to obey*
périr *to perish*
punir *to punish*
réfléchir *to reflect, think*
remplir *to fill (out)*
réussir *to succeed*
rôtir *to roast*
rougir *to blush*
saisir *to seize*
trahir *to betray*
vieillir *to grow old*

Common –re Verbs:

attendre *to wait (for)*	perdre *to lose*
correspondre *to correspond*	rendre *to return*
défendre *to defend*	répondre (à) *to answer*
descendre *to go down*	rompre *to break*
entendre *to hear*	tondre *to mow*
interrompre *to interrupt*	vendre *to sell*
pendre *to hang*	

EXERCISE C **Les bonnes habitudes.** Exprimez les bonnes habitudes de chaque personne selon l'exemple.

EXAMPLE: tu/interrompre les autres   Tu **n'interromps jamais** les autres.

1. vous/agir comme un enfant _____
2. elle/plaisanter _____
3. elles/désobéir _____
4. je/oublier les dates importantes _____
5. vous/perdre patience _____
6. nous/emprunter rien aux autres _____
7. tu/trahir tes amis _____
8. il/rompre ses promesses _____

4. The Present Tense of Certain –er Verbs

a. Verbs ending in –cer change *c* to *ç* before *o* to retain the soft *c* sound.

avancer *to advance*	j'avance, tu avances, il/elle avance, nous avançons, vous avancez, ils/elles avancent

Other Verbs ending in –cer

annoncer *to announce*	placer *to place*
commencer *to begin*	prononcer *to pronounce*
effacer *to erase*	remplacer *to replace*
lancer *to throw*	renoncer (à) *to renounce*
menacer *to threaten*	

b. Verbs ending in *–ger* insert a silent *e* between *g* and *o* to keep the soft *g* sound.

nager to swim	je nage, tu nages, il/elle nage, nous nageons, vous nagez, ils nagent

Other Verbs Ending in *–ger*

arranger *to arrange*
bouger *to move*
changer *to change*
corriger *to correct*
déménager *to move (to another residence)*
déranger *to disturb*
diriger *to direct*
manger *to eat*

mélanger *to mix*
neiger *to snow*
obliger *to oblige, compel*
partager *to share*
plonger *to plunge, dive*
ranger *to put away; to put in order*
songer (à) *to think (of)*
voyager *to travel*

c. Verbs ending in *–yer* change *y* to *i* before silent *e*. (Verbs of this type are often called "shoe" verbs because the *je, tu, il, elle, ils, elles* forms, which have the same stem, form the profile of a shoe.)

envoyer (to send)			
je	envoie	nous	envoyons
tu	envoies	vous	envoyez
il	envoie	ils	envoient
elle	envoie	elles	envoient

Other Verbs Ending in *–yer*

employer *to use*
ennuyer *to bore; to bother*
essuyer *to wipe*
nettoyer *to clean*
renvoyer *to send back; to fire*

NOTE: This change of *y* to *i* is optional for verbs whose infinitive ends in *–ayer*.

payer to pay			
je	paie (je paye)	nous	payons
tu	paies (tu payes)	vous	payez
il	paie (il paye)	ils	paient (ils payent)
elle	paie (elle paye)	elles	paient (elles payent)

Another Verb Ending in *–ayer*

essayer *to try*

d. Verbs ending in *e* + consonant + *–er* change the silent *e* to *è* in the *je, tu, il/elle, ils/elles* forms in the present tense.

ramener	to bring back		
je	ramène	nous	ramenons
tu	ramènes	vous	ramenez
il	ramène	ils	ramènent
elle	ramène	elles	ramènent

Other *e* + Consonant + *–er* Verbs

acheter *to buy*
achever *to complete*
amener *to bring, lead to*
élever *to bring up, raise*
emmener *to take away, lead away*
enlever *to remove, take off*
geler *to freeze*
lever *to raise, lift*
mener *to lead*
peser *to weigh*
promener *to walk*

NOTE: Two "shoe" verbs with silent *e, appeler* and *jeter,* double the consonant before the verb ending instead of changing *e* to *è*.

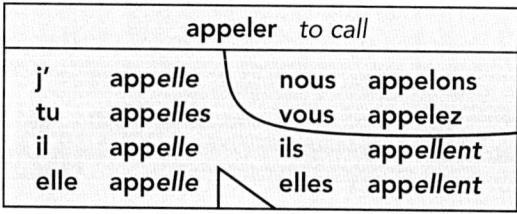

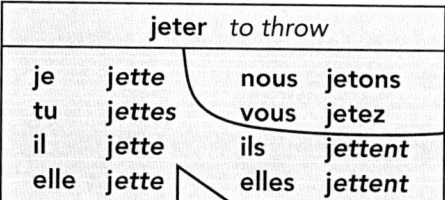

e. Verbs with *é* in the syllable before the infinitive ending change *é* to *è* in the *je, tu, il/elle, ils/elles* forms in the present tense.

preférer	to prefer		
je	préfère	nous	préférons
tu	préfères	vous	préférez
il	préfère	ils	préfèrent
elle	préfère	elles	préfèrent

Other Verbs Ending in *é* + Consonant + *–er*

céder *to yield*
célébrer *to celebrate*
espérer *to hope*

posséder *to possess, own*
protéger *to protect*
répéter *to repeat*

EXERCISE D   **En classe.** Vos camarades de classe et vous conversez avec votre professeur de français. Complétez les phrases de chaque dialogue avec la forme correcte du verbe.

EXAMPLE: ranger vos affaires
LE PROF: **Vous rangez** vos affaires?
VOUS: **Nous rangeons** nos affaires.

1. prononcer les mots de vocabulaire chaque soir

    LE PROF: _____
    VOUS: _____

2. corriger vos fautes de grammaire

    LE PROF: _____
    VOUS: _____

3. employer un dictionnaire bilingue

    LE PROF: _____
    VOUS: _____

4. achever toujours vos devoirs

    LE PROF: _____
    VOUS: _____

5. jeter le chewing-gum dans la poubelle

    LE PROF: _____
    VOUS: _____

6. appeler des camarades de classe quand vous êtes absents

    LE PROF: _____
    VOUS: _____

7. espérer réussir

    LE PROF: _____
    VOUS: _____

8. acheter votre propre matériel scolaire

   LE PROF: _____

   VOUS: _____

5. Verbs Irregular in the Present Tense

The following verbs have irregular forms in the present tense:

aller to go	je vais, tu vas, il/elle va, nous allons, vous allez, ils/elles vont
asseoir to seat, to sit	j'assieds, tu assieds, il/elle assied, nous asseyons, vous asseyez, ils/elles asseyent
avoir to have	j'ai, tu as, il/elle a, nous avons, vous avez, ils/elles ont
battre to beat	je bats, tu bats, il/elle bat, nous battons, vous battez, ils/elles battent
boire to drink	je bois, tu bois, il/elle boit, nous buvons, vous buvez, ils/elles boivent
conduire to drive	je conduis, tu conduis, il/elle conduit, nous conduisons, vous conduisez, ils/elles conduisent

Other verbs conjugated like *conduire* include *construire* (to construct), *inscrire* (to enroll, register), *produire* (to produce), *traduire* (to translate).

connaître to know	je connais, tu connais, il/elle connaît, nous connaissons, vous connaissez, ils/elles connaissent

Other verbs conjugated like *connaître*: *disparaître* (to disappear), *paraître* (to appear), *reconnaître* (to recognize).

courir to run	je cours, tu cours, il/elle court, nous courons, vous courez, ils/elles courent
craindre to fear	je crains, tu crains, il/elle craint, nous craignons, vous craignez, ils/elles craignent

Other verbs conjugated like *craindre*: *atteindre* (to reach, attain), *éteindre* (to extinguish, turn off), *joindre* (to join), *peindre* (to paint), *plaindre* (to pity).

devoir to owe, to have to	je dois, tu dois, il/elle doit, nous devons, vous devez, ils/elles doivent
dire to say, to tell	je dis, tu dis, il/elle dit, nous disons, vous dites, ils/elles disent
dormir to sleep	je dors, tu dors, il/elle dort, nous dormons, vous dormez, ils/elles dorment

Other verbs conjugated like *dormir*: *endormir* (to put to sleep), *mentir* (to lie), *partir* (to go away, leave), *sentir* (to feel, smell), *servir* (to serve), *sortir* (to go out, leave)

écrire to write	j'écris, tu écris, il/elle écrit, nous écrivons, vous écrivez, ils/elles écrivent
être to be	je suis, tu es, il/elle est, nous sommes, vous êtes, ils/elles sont
faire to make, to do	je fais, tu fais, il/elle fait, nous faisons, vous faites, ils/elles font
falloir to be necessary	il faut
lire to read	je lis, tu lis, il/elle lit, nous lisons, vous lisez, ils/elles lisent
mettre to put (on)	je mets, tu mets, il/elle met, nous mettons, vous mettez, ils/elles mettent

Other verbs conjugated like *mettre*: *permettre* (to allow), *promettre* (to promise), *remettre* (to put back; to deliver).

mourir to die	je meurs, tu meurs, il/elle meurt, nous mourons, vous mourez, ils/elles meurent
ouvrir to open	j'ouvre, tu ouvres, il/elle ouvre, nous ouvrons, vous ouvrez, ils/elles ouvrent

Other verbs conjugated like *ouvrir*: *couvrir* (to cover); *découvrir* (to discover), *offrir* (to offer), *souffrir* (to suffer).

partir to leave	je pars, tu pars, il/elle part, nous partons, vous partez, ils/elles partent
plaire to please	je plais, tu plais, il plaît, nous plaisons, vous plaisez, ils/elles plaisent
pleuvoir to rain	il pleut
pouvoir to be able to, can	je peux, tu peux, il/elle peut, nous pouvons, vous pouvez, ils/elles peuvent
prendre to take	je prends, tu prends, il/elle prend, nous prenons, vous prenez, ils/elles prennent

Other verbs conjugated like *prendre*: *apprendre* (to learn), *comprendre* (to understand), *reprendre* (to take back), *surprendre* (to surprise).

| recevoir to receive | je reçois, tu reçois, il/elle reçoit, nous recevons, vous recevez, ils/elles reçoivent |

Other verbs conjugated like *recevoir: apercevoir* (to notice), *concevoir* (to conceive)

| rire to laugh | je ris, tu ris, il/elle rit, nous rions, vous riez, ils/elles rient |

Another verb conjugated like *rire: sourire* (to smile).

savoir to know (how)	je sais, tu sais, il/elle sait, nous savons, vous savez, ils/elles savent
sortir to go out	je sors, tu sors, il/elle sort, nous sortons, vous sortez, ils/elles sortent
suivre to follow	je suis, tu suis, il/elle suit, nous suivons, vous suivez, ils/elles suivent

Another verb conjugated like *suivre: poursuivre* (to pursue).

| taire to be quiet | je tais, tu tais, il/elle tait, nous taisons, vous taisez, ils/elles taisent |
| tenir to hold | je tiens, tu tiens, il/elle tient, nous tenons, vous tenez, ils/elles tiennent |

Other verbs conjugated like *tenir: appartenir à* (to belong to), *obtenir* (to obtain), *retenir* (to retain).

| valoir to be worth | je vaux, tu vaux, il/elle vaut, nous valons, vous valez, ils/elles valent |
| venir to come | je viens, tu viens, il/elle vient, nous venons, vous venez, ils/elles viennent |

Other verbs conjugated like *venir: devenir* (to become), *revenir* (to come back).

vivre to live	je vis, tu vis, il/elle vit, nous vivons, vous vivez, ils/elles vivent
voir to see	je vois, tu vois, il/elle voit, nous voyons, vous voyez, ils/elles voient
vouloir to want	je veux, tu veux, il/elle veut, nous voulons, vous voulez, ils/elles veulent

EXERCISE E — **Un message par courrier électronique.** Vous écrivez un message à un ami. Complétez ce message avec la forme correcte du verbe.

Chère Anne,

Il _____ (1. pleuvoir) en ce moment et je ne _____ (2. sortir) pas. Je ne _____ (3. boire) rien et je ne _____ (4. manger) rien car je _____ (5. être) (être) tellement excitée. Je t'_____ (6. écrire) parce que j'_____ (7. avoir) de si bonnes nouvelles à te raconter. Tu _____ (8. connaître) Guy Picard? Nous le _____ (9. voir) chaque jour après notre cours de physique. Tu _____ (10. savoir), c'_____ (11. être) le type aux cheveux noirs et aux yeux bleus qui _____ (12. conduire) une magnifique voiture de sport et qui _____ (13. vivre) à cent à l'heure. Il _____ (14. faire) toujours des farces et tout le monde _____ (15. rire) de lui. Malgré ça, je te _____ (16. dire) qu'il _____ (17. être) un chic type. Je _____ (18. devoir) t'avouer que je _____ (19. être) folle de lui et le bruit _____ (20. courir) qu'il _____ (21. rompre) avec Sophie. En tout cas, il _____ (22. venir) de me téléphoner pour me proposer un rendez-vous pour samedi soir. Est-ce qu'il _____ (23. comprendre) que je _____ (24. mourir) d'envie d'aller n'importe où avec lui? Je _____ (25. être) tout excitée à cette idée. Mon cœur _____ (26. battre) si fort en ce moment que je _____ (27. craindre) de m'évanouir. Imagine-toi! Je lui _____ (28. plaire)! Je ne _____ (29. pouvoir) pas le croire. Samedi soir nous _____ (30. aller) au cinéma et je _____ (31. aller) m'habiller élégamment. J'_____ (32. avoir) envie de voir une histoire d'amour mais lui, il _____ (33. vouloir) bien voir une comédie. Cette fois, il _____ (34. falloir) accepter son choix. Je ne _____ (35. dormir) pas ce soir, c'est sûr, parce que je ne _____ (36. recevoir) pas souvent de telles invitations. Je _____ (37. promettre) de te dire tout après notre rendez-vous. Tu m'_____ (38. offrir) des conseils? Tu _____ (39. savoir) que je les _____ (40. suivre) toujours.

Ton amie,

Mireille

6. Uses of the Present Tense

Verbs are used in the present tense as follows:

(1) To express what is or does happen now.

Les hommes *travaillent.* { *The men work. The men do work.*
The men are working.

(2) To imply the immediate future or to ask for instructions.

Je te téléphone *demain.*   *I'll call you tomorrow.*
Je prends celui-ci?   *Shall I take this one?*

(3) To express time: present tense + *depuis* + an expression of time expresses an action or event that began in the past and continues in the present. In such situations, the question is expressed by *Depuis combien de temps...*+ present tense, or *Depuis quand...*+ present tense.

Depuis combien de temps est-ce tu étudies le français?
Depuis quand est-ce que tu étudies le français?
} *How long (Since when) have you been studying French?*

(J'étudie le français) *depuis* deux ans.   (*I've been studying French*) *for two years.*
(J'étudie le français) *depuis* 2002.   (*I've been studying French*) *since 2002.*

(4) The construction *il y a* + expression of time + *que* + the present tense also expresses a past action or event that continues in the present. In such situations, the question is expressed by *Combien de temps y a-t-il que...*+ present tense.

Combien de temps y a-t-il que tu étudies le français?   *How long have you been studying French?*
Il y a deux ans (que j'étudie le français).   (*I've been studying French*) *for two years.*

EXERCISE F   Depuis quand? Vous êtes très curieux. Posez des questions à un camarade de classe selon ce qu'il vous dit. Puis donnez sa réponse.

EXAMPLE: Camarade: Les Constant ont soixante-cinq ans et ils ne vont plus au bureau. (2 ans)
  Vous: **Depuis quand** sont-ils à la retraite?
  Camarade: **Depuis** deux ans.

1. Camarade: M. Chaperon enseigne le français au lycée. (6 ans)

   Vous: _____

   Camarade: _____

2. Camarade: Paul ne mange aucun produit animal. (5 mois)

   Vous: _____

   Camarade: _____

3. Camarade: Je ne vais pas bien. (1 semaine)

   Vous: _____

   Camarade: _____

4. Camarade: Lucette pleure à chaudes larmes. (2 heures)

   Vous: _____

   Camarade: _____

5. Camarade: M. et Mme Ricard célèbrent l'anniversaire de leur petit-fils. (3 ans)

   Vous: _____

   Camarade: _____

6. Camarade: Claude et moi gagnons de l'argent après l'école. (1 an)

   Vous: _____

   Camarade: _____

EXERCISE G **Après les classes.** Travaillez avec un camarade de classe. Posez des questions à tour de rôle au sujet de vos passe-temps et de vos loisirs.

_____

_____

_____

_____

EXERCISE H **Un week-end typique.** Écrivez une note à un ami où vous expliquez ce que vous et les membres de votre famille ont l'habitude de faire pendant le week-end.

_____

_____

_____

_____

CHAPTER 3
Negation

1. Negative Forms

a. The most common negative forms are:

ne... aucun(e) *no, none*
ne... guère *hardly, scarcely*
ne... ni... ni *neither... nor*
ne... nulle part *nowhere*
ne... pas *not*
ne... pas du tout *not at all*
ne... point *not, not at all*
ne... que *only*
ne... jamais *never*
ne... personne *no one, nobody, anyone, anybody*
ne... plus *no longer, anymore*
ne... rien *nothing, anything*

b. Position of Negatives

In simple and compound tenses, *ne* comes before the conjugated verb and pronoun objects, if any. The second part of the negative generally comes after the conjugated verb (or the subject pronoun in inverted questions).

Il *ne* fume *jamais*.	*He never smokes.*
Je *n'*ai *qu'*une sœur.	*I have only one sister.*
***Ne* veut-elle *pas* travailler?**	*Doesn't she want to work?*
Le garçon *ne* vous a *pas* vu.	*The boy didn't see you.*
Elle *ne* les aurait *jamais* choisis.	*She would never have chosen them.*

NOTE: 1. *Personne* and *nulle part* follow the infinitive or the past participle.

Il *ne* veut croire *personne*.	*He doesn't want to believe anybody.*
Il *n'*a trouvé son parapluie *nulle part*.	*He didn't find his umbrella anywhere.*

2. *Que* directly precedes the word or words stressed.

Il *ne* mange *que* des plats végétariens	*He eats only vegetarian dishes.*
Je *ne* vais le faire *qu'*une fois.	*I am only going to do it once.*

3. Each part of the *ne... ni... ni* construction precedes the word or words stressed.

Sa maison *n'*est *ni* grande *ni* petite.	*Her house is neither big nor little.*
Je *n'*ai *ni* dansé *ni* chanté.	*I neither danced nor sang.*
Il *n'*a acheté *ni* le bleu *ni* le blanc.	*He didn't buy either the blue one or the white one.*

4. *Aucun(e)* is always used in the singular and precedes the noun it modifies.

Les détectives *n'*ont trouvé *aucun* indice.	*The detectives didn't find any clue.*
Il *ne* peut arriver à *aucune* conclusion.	*He can't arrive at any conclusion.*

5. When an infinitive is negated, both *ne* and the second element of the negative precede the infinitive except as specified in Note 1 above.

Il avait peur de *ne jamais* réussir.	*He was afraid of never succeeding.*

c. *Rien* and *personne* may be used as subjects, preceding the verb; *ne* remains before the conjugated verb.

***Rien n'*est trop difficile pour lui.**	*Nothing is too difficult for him.*
***Personne ne* lui prêtera de l'argent.**	*Nobody will lend him money.*

d. Both *ne... jamais* used with a verb and *jamais* used alone without a verb mean "never." *Jamais* with a verb and without *ne* means "ever."

Voyages-tu *jamais*?	*Do you ever travel?*
Je *ne* voyage *jamais* pendant l'hiver.	*I never travel during the winter.*
***Jamais*?**	*Never?*

e. *Ne* is always used with a verb. However, the second part of a negative may be used without a verb. (*Pas* and *plus* need a modifier).

Qui est là?	*Who's there?*
Personne.	*No one.*
Qu'est-ce que tu manges?	*What are you eating?*
Rien.	*Nothing.*
Tu fumes?	*Do you smoke?*
Jamais.	*Never.*
Tu cuisines?	*Do you cook?*
Pas tout le temps.	*Not all the time.*

f. In the negative, the partitive and indefinite articles *du, de la, de l', un, une,* and *des* become *de,* except after *ne... que,* when *de* is only used before a plural adjective, and after *ni... ni* when the partitive is omitted.

Elle *n'*a *pas de* frères.	*She doesn't have any brothers.*
Je *ne* fais *que des* gâteaux.	*I bake only cakes.*
Je *ne* fais *que de* bons gâteaux.	*I bake only good cakes.*
Je *ne* veux boire *ni* thé *ni* café.	*I don't want to drink either tea or coffee.*

g. *Si* or *mais si* (yes) is used to contradict a negative statement or question.

Elle n'est pas intelligente.	*She isn't intelligent.*
(*Mais*) *si,* elle est intelligente.	*Yes, she is intelligent.*
Ne joue-t-il pas bien du violon?	*Doesn't he play the violin well?*
Mais si, il en joue drôlement bien.	*Why yes, he plays rather well.*

h. *Pas* may be omitted with the verbs *cesser, oser,* and *pouvoir* when they are followed by an infinitive. *Pas* may also be omitted after *savoir* + infinitive when *savoir* means to know but not when it means to know how.

Il ne cesse de ronfler.	*He doesn't stop snoring.*
Elle n'ose interrompre son professeur.	*She doesn't dare interrupt her teacher.*
Je ne peux vous entendre.	*I can't hear you.*
Il ne sait où chercher.	*He doesn't know where to look.*
But:	
Il ne sait pas parler espagnol.	*He doesn't know how to speak Spanish.*

EXERCISE A **Un élève paresseux.** Pierre ne fait pas de son mieux. Expliquez pourquoi en mettant les phrases suivantes au négative.

EXAMPLE: (ne... pas) Il étudie tout le temps.
           Il **n'étudie pas** tout le temps.

1. (ne... jamais) Il travaille.

   _____

2. (ne... nulle part) Il avait où aller après les classes.

   _____

3. (ne... pas) Aime-t-il suivre des cours avancés?

   _____

4. (ne... guère)   Il a fait des études sérieuses.

5. (ne... plus)   Après deux ans il avait envie d'aller à l'université.

6. (ne... point)   Il aurait passé son temps à étudier.

7. (ne... que)   Il a étudié une langue étrangère.

8. (ne... rien)   A-t-il compris?

EXERCISE B   **Les opinions.** Exprimez les opinions de chacun en vous servant de la phrase négative.

EXAMPLE: (ne... pas) Il est impoli de parler sincèrement.
            Il est impoli de **ne pas parler** sincèrement.

1. (ne... nulle part)   En ce moment il est bon de voyager.

2. (ne... rien)   Il vaut mieux expliquer.

3. (ne... personne)   Il est préférable de critiquer.

4. (ne... que)   Il est important de manger des aliments sains.

5. (ne... point)   Il vaut la peine de cacher la vérité.

6. (ne... jamais)   Il est essentiel de fumer.

Chapter 3

EXERCISE C   **La retraite.** M. Rimbaud prend sa retraite. Répondez aux questions qui parlent de ses expériences en vous servant d'une forme négative.

EXAMPLE: Il regrette un peu sa décision? Il **ne** regrette **pas du tout** sa décision.

1. Il travaille quelque part à temps partiel? _____
2. Il a quelquefois du stress? _____
3. Il s'ennuie de temps en temps? _____
4. Il a quelques problèmes médicaux? _____
5. Il s'inquiète de quelque chose? _____
6. Il surveille quelqu'un? _____

EXERCISE D   **Une discussion.** M. et Mme Seurat discutent du progrès de leur fils à l'école. Complétez leur conversation avec les mots qui manquent.

1. A-t-il fini ses devoirs? Certainement _____. Il ne cesse _____ de parler au téléphone.
2. Qu'est-ce qu'il a écrit? _____ du tout.
3. Qui va l'aider? _____ son frère _____ sa sœur.
4. Qui peut travailler avec lui? _____.
5. Il n'a _____ encore étudié pour son interro de maths demain?
   Mais _____, il a étudié mais il ne sait toujours _____ faire des calculs.
6. _____ d'excuses. Il doit faire son travail maintenant.
   Tu as raison.

2. Common Negative Expressions

ça ne fait rien   *it doesn't matter.*
Elle ne travaille pas maintenant.   *She isn't working now.*
Ça ne fait rien.   *It doesn't matter.*

de rien / il n'y a pas de quoi   *you're welcome*
Merci beaucoup.   *Thank you very much.*
De rien. (Il n'y a pas de quoi.)   *You're welcome.*

jamais de la vie!   *never! out of the question! not on your life!*
Tu veux piloter un avion?   *Do you want to fly a plane?*
Jamais de la vie!   *Never!*

(ni...) non plus *not... either; nor...*
Je n'aime pas ce genre de film. — *I don't like this type of film.*
(Ni) moi non plus. — *Neither do I.*

Eux non plus, ils ne regarderont pas ce genre de film. — *They won't watch this type of film either.*

n'en pouvoir plus *to be exhausted*
À la fin de la semaine je n'en peux plus. — *At the end of the week I'm exhausted.*

n'importe qui (quand, où, comment) *no matter who (when, where, how)*
Où voulez-vous aller? — *Where do you want to go?*
N'importe où. — *It doesn't matter.*

pas du tout *not at all*
Tu aimes ce livre? — *Do you like that book?*
Pas du tout. — *Not at all.*

pas encore *not yet*
Tu veux manger? — *Do you want to eat?*
Pas encore. — *Not yet.*

pas maintenant *not now*
Tu sors? — *Are you going out?*
Pas maintenant. — *Not now.*

pas aujourd'hui *not today*
Il part? — *Is he leaving?*
Pas aujourd'hui. — *Not today.*

EXERCISE E — **Les dialogues.** Complétez les dialogues en vous servant d'une expression négative.

1. Qu'est-ce que tu as?

   Je suis vraiment fatigué. Je _____ .

2. Quand veux-tu sortir cet après-midi?

   Ça m'est égal. _____

3. Je n'ai pas envie d'aller au stade voir le match de football.

   _____ . Je déteste le football.

4. Ça te dit de faire du parachutisme?

   _____ . J'ai peur des hauteurs.

5. Tu as déjà visité la France?

   _____ . Mais je voudrais y aller l'été prochain.

6. Je ne sais pas où j'ai mis ton stylo.

   _____ . J'en ai un autre dans mon sac.

EXERCISE F **Les examens.** Écrivez six choses que vous ne faites pas quand vous avez des examens importants.

___

EXERCISE G **La permission.** Vos parents ne vous ont pas donné la permission d'aller à un concert. Écrivez-leur une note où vous essayez de les persuader de vous laisser y aller en expriment les choses que vous ne faites pas.

Chapter 4
Interrogation and Exclamations

1. Asking a Yes/No Question Using Intonation, *est-ce que*, *n'est-ce pas*, and Inversion

a. In spoken French nowadays, an interrogative intonation (shown in writing by a question mark) is often all that is needed to change a statement into a question. This is especially the case for questions to be answered by yes or no.

Tu sors?   *Are you going out?*

b. A question may also be formed by beginning a statement with *est-ce que*, which becomes *est-ce qu'* before a vowel or silent h.

Est-ce que **tu sors?**   *Are you going out?*

c. A question may also be formed by ending a statement with the tag *n'est-ce pas*, isn't that so? right? isn't (doesn't) he/she? aren't (don't) they/we/you?

Tu sors, *n'est-ce pas*?   *You're going out, aren't you (right)?*

d. A question may also be formed by reversing the order of the subject pronoun and the conjugated verb and joining them with a hyphen.

Sors-tu?   *Are you going out?*

NOTE: 1. This construction is less frequent in spoken French and almost never occurs in the first person singular (*je*), where *est-ce que* is used.

2. With *il, elle*, or *on* and a verb form ending in a vowel (usually an *–er* verb), *-t-* is added between the verb and the pronoun to separate the vowels.

   Il rencontre des amis?
   Rencontre-t-il **des amis?**   *Does he meet some friends?*

3. When the subject of a question is a noun, the noun stays before the verb and a corresponding third person pronoun is added after the verb.

   Gisèle *va-t-elle* **au parc?**   *Does Gisèle go to the park?*
   Les musées *sont-ils* **fermés?**   *Are the museums closed?*

EXERCISE A   **Les passe-temps.** Écrivez des questions au sujet des passe-temps de vos amis en utilisant est-ce que et l'inversion.

EXAMPLE: Georges écoute de la musique classique.
    Est-ce que Georges écoute de la musique classique?
    Georges **écoute-t-il** de la musique classique?

1. René et Louis jouent du violon.

2. Alice fait des gâteaux.

3. Jean et toi allez aux concerts de musique rock.

4. Tu tricotes des pulls.

5. Ces filles chantent dans un chœur.

6. Carine et Marie dansent dans un ballet.

 e. Negative Questions

 A negative question can be formed using intonation, *est-ce que* and inversion. With inversion, *ne* and *pas* surround the inverted verb and pronoun.

Elle *ne* fait *jamais* d'exercices?	*Doesn't she ever do exercises?*
***Est-ce qu'**on **ne** peut **pas** aller au club?*	*Can't we go to the club?*
***Ne** veux-tu **pas** aller en ville?*	*Don't you want to go to the city?*

EXERCISE B **On le fait?** Certaines personnes font certaines choses. Posez des questions pour savoir si elles font aussi d'autres choses.

EXAMPLE: Roger peut faire du ski./la planche à voile?
   Ne peut-il pas faire de la planche à voile?

1. Charlotte va visiter la France. / l'Italie?

2. Tu dois courir le cent mètres. / le marathon?

3. Vous voulez aller à l'opéra. / au ballet?

4. Ce garçon compte apprendre à jouer de la guitare. / du piano?

5. Marc et Julien aiment jouer au foot. / au base-ball?

6. Ces filles préfèrent faire de la poterie. / de la peinture?

2. Interrogative Adverbs

Interrogative adverbs can be used to form questions seeking information by using intonation, *est-ce que*, and inversion. The most common interrogative adverbs are:

combien? *how much, many?*
comment? *how?*
où? *where?*
d'où? *from where?*
pourquoi? *why?*
quand? *when*

a. In colloquial, spoken French, questions are often formed by placing the interrogative adverb (except *pourquoi*) after the verb.

Il arrive *quand*?	*When is he arriving?*
Elle s'appelle *comment*, la fille là-bas?	*What's her name, the girl over there?*

b. Questions beginning with an interrogative adverb are frequently formed by placing *est-ce que* after the interrogative adverb.

Pourquoi *est-ce que* l'enfant pleure?	*Why is the child crying?*
Combien *est-ce que* tu gagnes par mois?	*How much do you earn per month?*

c. A question beginning with an interrogative adverb can also be formed by placing the inverted verb and subject pronoun after the adverb:

| **D'où** *sont-ils?* | *Where are they from?* |
| **Où** *vas-tu?* | *Where are you going?* |

NOTE: With *combien, comment, où, d'où,* and *quand* (but not with *pourquoi*), when the subject is a noun and the verb has no object, a question may be formed by inverting the order of the subject and the verb.

Combien *coûte ce sandwich?*	*How much does this sandwich cost?*
Comment *est ton ami?*	*What's does your friend look like?*
Où *est mon stylo?*	*Where is my pen?*
D'où *est Marie?*	*Where is Marie from?*
Quand *atterrite l'avion?*	*When is the plane landing?*

EXERCISE C   **Au restaurant.**   Vous êtes dans un restaurant français où il y a beaucoup de bruit. Vous n'entendez pas ce que le garçon dit. Exprimez les questions (de deux façons) que votre ami a posé en vous servant des mots indiqués.

| comment | où | combien |
| pourquoi | d'où | quand |

EXAMPLE: LE GARÇON: Le poisson est délicieux.
           VOTRE AMI: **Comment est le poisson?**
                       Le poisson, comment est-il?

1. LE GARÇON: Le menu n'est pas complet parce qu'il y a des spécialités.
   VOTRE AMI: _____

2. LE GARÇON: Le poivrier est à côté de la salière.
   VOTRE AMI: _____

3. LE GARÇON: Ce plat coûte vingt euro.
   VOTRE AMI: _____

4. LE GARÇON: Le dîner va être prêt dans vingt minutes.
   VOTRE AMI: _____

5. LE GARÇON: Ce fromage vient de France.

   VOTRE AMI: _____

6. LE GARÇON: Ces desserts sont très riches.

   VOTRE AMI: _____

3. Interrogative Adjectives

The interrogative adjective *quel* (which? what?) agrees with the noun it modifies and may be used with intonation, *est-ce que*, and inversion.

	MASCULINE	FEMININE
SINGULAR	quel	quelle
PLURAL	quels	quelles

Tu préfères quel genre de film?
Quel genre de film *est-ce que* tu préfères? *What type of film do you prefer?*
Quel genre de film *préfères-tu*?

NOTE: 1. The only verb that may follow *quel* directly is *être* (to be).

   Quelles sont tes coordonnées? *What is your name and address?*

2. *Quel* may be preceded by a preposition.

   Elle assiste à quelle université? *What university does she attend?*
   Dans quel journal peut-on trouver cet article? *In what newspaper can one find that article?*

EXERCISE D Les préférences. Posez des questions spécifiques en employant la forme correcte de quel.

EXAMPLE: Étienne regarde les films classiques. **Quels** films classiques?

1. Régine lit les histoires d'amour. _____
2. Alain mange la cuisine étrangère. _____
3. Henri et Patrice regardent les émissions scientifiques. _____

4. Julien choisit les CD de rock. _____

5. Mariane préfère les sports d'été. _____

6. Hélène achète les vêtements de sport. _____

4. Interrogative Pronouns

Interrogative pronouns may be used as subjects, direct objects, or objects of a preposition and may refer to people or things.

	SUBJECT	DIRECT OBJECT	OBJECT OF A PREPOSITION
PEOPLE	qui? qui est-ce qui? } who?	qui? qui est-ce que? } whom?	qui? qui est-ce que? } who?
THINGS	qu'est-ce qui what?	que? qu'est-ce que? } what?	quoi? quoi est-ce que? } what?

NOTE: The *e* of *que* is dropped before a word beginning with a vowel; the *i* of *qui* is never dropped.

a. Interrogative Pronouns as Subjects

Qui? (who?) is used for people. *Qu'est-ce qui?* (what?) is used for things. As subjects they are followed immediately by a verb in the third person singular (*il* form).

Qui organise la fête? — *Who is organizing the party?*
Qu'est-ce qui est tombé? — *What fell?*

b. Interrogative Pronouns as Direct Objects

Qui and *que* can be used with intonation, with *est-ce que* or with inversion.

Qui regardes-tu?
Qui est-ce que tu regardes? } *Whom are you looking at?*

Que regardes-tu?
Qu'est-ce que tu regardes? } *What are you looking at?*

NOTE: 1. *Que* becomes *quoi* when used at the end of question with intonation.

Qu'est-ce que tu étudies?
Qu'étudies-tu?
Tu étudies quoi? } *What are you studying?*

2. When the subject is a noun, the following constructions are possible:

Qui Roger écoute-t-il?
Qui est-ce que Roger écoute? } *Whom is Roger listening to?*

Que Roger écoute-t-il?
Qu'est-ce que Roger écoute? } *What is Roger listening to?*

c. Interrogative Pronouns as Objects of Prepositions

A preposition + *qui* refers to people.

À qui **penses-tu?**	*About whom are you thinking?*
De qui **rêve-t-elle?**	*About whom is she dreaming?*

A preposition + *quoi* refers to things.

À quoi **penses-tu?**	*About what are you thinking?*
De quoi **rêve-t-elle?**	*About what is she dreaming?*

NOTE: 1. *Est-ce que* may be used in place of inversion.

À qui *est-ce que* **tu penses?**	*About whom are you thinking?*
De qui *est-ce qu'*elle rêve?	*About whom is she dreaming?*
À quoi *est-ce que* **tu penses?**	*About what are you thinking?*
De quoi *est-ce qu'*elle rêve?	*About what is she dreaming?*

2. *À qui* (whose) is used to show possession. *De qui* (whose?) is used to show relationship.

À qui **est ce livre?**	*Whose book is this?*
De qui **est-il le copain?**	*Whose friend is he?*

EXERCISE E Questions diverses. Complétez les questions de vos amis en utilisant l'expression interrogative qui convient.

à qui	qu'est-ce que	qui est-ce qui
à quoi	qu'est-ce qui	quoi
de qui	que	
de quoi	qui est-ce que	

1. Tu veux faire _____ ce soir?

2. _____ tu aimes mieux, aller au cinéma ou faire du sport?

3. _____ t'aide avec ton travail?

4. _____ es-tu le meilleur ami?

5. _____ tu estimes?

6. _____ fais-tu après les classes?

7. _____ est arrivé à ton chien?

8. _____ téléphones-tu tous les jours?

9. _____ est-ce que tu as besoin?

10. _____ est-ce que tu te résignes?

5. Variable Interrogative Pronouns

The interrogative pronoun *lequel* [which? which one(s)?] agrees in number and gender with the noun to which it refers.

	MASCULINE	FEMININE
SINGULAR	lequel	laquelle
PLURAL	lesquelles	lesquelles

Lequel de ces garçons danse bien? — Which (one) of these boys dances well?
Lesquels de ces garçons dansent bien? — Which (ones) of these boys dance well?
Laquelle de ces voitures est populaire? — Which (one) of these cars is popular?
Lesquelles de ces voitures sont populaires? — Which (ones) of these cars are popular?

NOTE: When *à* and *de* are used before forms of *lequel*, the usual contractions take place.

	MASCULINE	FEMININE
SINGULAR	auquel / duquel	à laquelle / de laquelle
PLURAL	auxquels / desquels	auxquelles / desquelles

Auxquels de ces produits es-tu allergique? — To which of these products are you allergic?
Duquel (de ces outils) as-tu besoin? — Which one (of these tools) do you need?

NOTE: Other prepositions may precede *lequel*.

Mon oncle travaille pour une grande société française. — My uncle works for a large French firm.
Ah, oui? *Pour laquelle?* — Really? For which one?

EXERCISE F — **Un voyage.** Votre ami parle d'un voyage récent d'une façon vague. Demandez-lui de préciser en lui posant des questions.

EXAMPLE: J'ai vu une église célèbre. **Laquelle?**

1. Nous sommes allés dans des villes importantes. _____
2. J'ai rencontré des gens célèbres. _____
3. Ma famille est descendue dans un grand hôtel. _____
4. J'ai visité une belle île. _____
5. J'ai parlé de mon ami. _____

6. Ma sœur a parlé à un représentant du gouvernement. _____

7. Mon père a assisté à une conférence. _____

8. Mon frère a pris des photos de beaucoup de monuments célèbres. _____

6. Exclamations

The forms of *quel* are used in exclamations to express "what a…!" or "what…!"

Quelle pièce épatante!   *What a splendid play!*
Quelles bonnes idées!   *What good ideas!*

EXERCISE G   **La nature.** Qu'est-ce que vous vous exclamez?

EXAMPLE: Ces champs sont formidables!   **Quels champs** formidables!

1. Cet arbre est splendide! _____
2. Ces étoiles sont brillantes! _____
3. Cette plage est jolie! _____
4. Ce lac est tranquille! _____
5. Ces fleurs sont magnifiques! _____
6. Ces oiseaux sont exotiques! _____

EXERCISE H   **Les vacances.** Posez six questions à un ami au sujet de ses vacances. Écrivez vos questions et ses réponses.

1. _____

2. _____

3. _____

4. _____

5. _____

6. _____

EXERCISE 1 **Une fête.** Vous allez faire une fête. Écrivez une note à un ami où vous demandez son aide et des suggestions.

CHAPTER 5
Imperative

The imperative is a verb form used to give commands or suggestions.

1. Imperative of Regular Verbs

a. Most forms of the imperative are the same as the corresponding forms of the present tense, except for the omission of the subject pronouns *tu*, *vous*, and *nous*.

FAMILIAR	FORMAL/PLURAL	FIRST PERSON PLURAL
Regarde! *Look!*	Regardez! *Look!*	Regardons! *Let's look!*
Obéis! *Obey!*	Obéissez! *Obey!*	Obéissons! *Let's obey!*
Attends! *Wait!*	Attendez! *Wait!*	Attendons! *Let's wait!*

NOTE: The familiar imperative of *–er* verbs drops the final *–s* of the present tense forms.

Tu écoutes attentivement. *You listen attentively.*
Écoute attentivement! *Listen attentively!*

b. In the negative imperative, *ne* and the negative word surround the verb.

Ne mens pas! *Don't lie!*
Ne dites rien! *Don't say anything!*
Ne travaillons plus! *Let's not work any more!*

2. Imperative of Irregular Verbs

The imperative of irregular verbs generally follows the same pattern as regular verbs.

aller *to go*   **va, allez, allons**
faire *to do*   **fais, faites, faisons**
venir *to come*   **viens, venez, venons**

NOTE: 1. Verbs conjugated like *–er* verbs in the present tense and the verb *aller* drop the final *–s* in the familiar command form.

Ouvre les fenêtres! *Open the windows!*
Offre-lui un cadeau! *Offer him a present!*
Va chez Luc! *Go to Luke's house!*

2. The verbs *avoir*, *être*, and *savoir* have irregular forms in the imperative.

avoir *to have*   **aie, ayez, ayons**

être *to be*	**sois, soyez, soyons**
savoir *to know*	**sache, sachez, sachons**

Aie confiance!	*Have confidence!*
Sois gentil!	*Be nice!*
Sachons les règles!	*Let's know the rules!*

3. When linked to the pronouns *y* and *en*, all verbs retain the –*s* in the familiar imperative form:

Vas-y!	*Go there!*
Goûtes-en!	*Taste some!*

EXERCISE A **La réconciliation.** Grégoire a eu une dispute avec Douglas. Expliquez ce Grégoire doit faire pour se réconcilier avec Douglas.

EXAMPLE: garder ton sang-froid/ne pas crier
Garde ton sang-froid! **Ne crie pas!**

1. être confiant/ne pas perdre patience

_____

2. écouter attentivement/ne pas l'interrompre

_____

3. savoir rester calme/ne pas discuter de tout

_____

4. parler doucement/ne pas avoir peur de t'exprimer

_____

5. aller lui parler/ne pas l'attendre

_____

6. offrir ta main/ne pas l'ignorer

_____

EXERCISE B **Chez un ami.** Exprimez ce qu'il faut faire et ce qu'il ne faut pas faire lorsque vous êtes un invité.

EXAMPLES: passer les plats   **Passez** les plats!
perdre patience   **Ne perdez pas** patience!

1. apporter un cadeau à l'hôtesse

2. être impoli

3. avoir quelque chose d'autre à faire tout de suite après le dîner

4. attendre la maîtresse de maison pour commencer à manger

5. arriver en retard

6. faire la vaisselle

7. donner un coup de main

8. commencer à manger avant les autres

9. mettre les coudes sur la table

10. écrire un petit mot à la famille le jour d'après

EXERCISE C   **Il fait beau.** Suggérez à un ami ce que vous deux devez faire et ne pas faire quand il fait beau.

EXAMPLES: marcher dans les bois   **Marchons** dans les bois!
              ne pas regarder la télé   **Ne regardons pas** la télé!

1. ne pas ranger la maison

2. ne pas avoir peur de sortir

3. faire un pique-nique

4. dormir en plein air

5. ne pas écouter des CD

6. ne pas aller au cinéma

7. conduire à la campagne

8. ne pas descendre en ville

9. nager dans la mer

10. faire une randonnée à la montagne

EXERCISE D **Un projet scolaire.** Suggérez à votre ami ce que vous et lui devez et ne devez pas faire pour réussir votre project scolaire.

EXAMPLES: travailler ensemble **Travaillons ensemble!**
ne pas plaisanter **Ne plaisantons pas!**

1. ne pas commencer sans avoir un plan

2. ne pas faire un plan trop compliqué

3. ne pas choisir un sujet trop difficile

4. organiser nos idées

5. ne rien copier sur l'Internet

6. avoir confiance en nous-mêmes

7. vérifier notre orthographe

8. employer de bons ouvrages de référence

EXERCISE E Une liste. Écrivez une liste de six choses qu'un camarade de classe doit faire pour être votre meilleur ami.

1. être loyal

2. dire toujours tes vrais sentiments

3. ne pas mentir

4. ne pas juger mes actes

5. avoir patience

6. ne pas douter de mon amitié

EXERCISE F **Les résolutions.** Travaillez avec un camarade de classe. Faites une liste de suggestions affirmatives et négatives que vous voulez donner à d'autres camarades qui veulent réussir la classe de français.

_____
_____
_____
_____
_____

EXERCISE G **Un dessert parfait.** Écrivez une note à un ami où vous lui expliquez comment préparer votre dessert favori.

_____
_____
_____
_____
_____

CHAPTER 6
Articles and Nouns

1. Forms and Uses of the Definite Article

a. In English, the definite article is always "the." In French, the definite article has four forms: *le, la, l', les*.

	MASCULINE	FEMININE
SINGULAR	le frère l'acteur	la sœur l'actrice
PLURAL	les frères les acteurs	les sœurs les actrices

NOTE: 1. The form *l'* is used before a singular noun of either gender beginning with a vowel or silent *h*. When the *h* is aspirated (a puff of air is emitted when pronouncing *h*), the vowel of the article is retained: *le héros, le hors-d'œuvre*.

2. In French, the article is expressed before each noun, even though it may be omitted in English.

les pommes et les oranges   *(the) apples and oranges*

b. The prepositions *à* and *de* contract with *le* and *les:* becoming *au* and *aux*, *du* and *des* respectively.

à + le garçon = au garçon   *to the boy*
à + les filles = aux filles   *to the girls*
de + le garçon = du garçon   *of the boy*
de + les filles = des filles   *of the girls*

NOTE: There is no contraction with *la* or *l'*.

c. The definite article is used to indicate a specific being or thing: *la classe*, as in English: "the class." It is also used in the following constructions where English does not use the article.

(1) With nouns used in a general or abstract sense.

Il regarde trop la *télévision*.   *He watches television too much.*

(2) With names of languages and school subjects, except directly after *parler*, after *en*, and in an adjective phrase with *de* and a school subject.

Elle apprend *le français*.   *She is learning French.*
Le *français* est une belle langue.   *French is very beautiful.*
Nous parlons souvent *le français*.   *We often speak French.*

But:

Je *parle français.*	*I speak French.*
Cet article est *en français.*	*This article is in French.*
Voilà mon livre *de français.*	*There's my French book.*

(3) In place of the possessive adjective, with parts of the body when the possessor is clear, except when the part of the body is modified.

Il lève *la main.*	*He raises his hand.*

But:

Il lève sa grand main.	*He raises his large hand.*

(4) With days of the week in a plural sense unless a specific day is mentioned.

Le dimanche **je fais le ménage.**	*On Sunday(s) I do housework.*

But:

Je te vois *mercredi.*	*I'll see you (on) Wednesday.*

(5) With names of seasons and colors except after the preposition *en*.

J'adore *l'été.*	*I love the summer.*
J'aime *le vert.*	*I like green.*

But:

Il fait chaud *en été.*	*It's hot in the summer.*
Je peins ma chambre *en blanc.*	*I'm painting my room white.*

(6) With dates.

C'est mardi, *le vingt-deux avril.*	*It's Tuesday, April 22nd.*

(7) With names of continents, and most countries, states, mountains, and rivers except after the preposition *en*.

Le France **est en** *Europe.*	**France is in Europe.**

> **NOTE:** The article is not used with Haïti or Israël.
>
> | | |
> |---|---|
> | **Haïti est un pays francophone.** | *Haiti is a French-speaking country.* |
> | **Israël est en Asie.** | *Israel is in Asia.* |

(8) In certain common expressions of time or place:

à l'école	to (in) school	**le week-end**	on the weekend
à la maison	at home, home	**le mois prochain**	next month
le matin	in the morning	**la semaine dernière**	last week
l'après-midi	in the afternoon	**l'année passée**	last year
le soir	in the evening	**l'été prochain**	next summer

Articles and Nouns 55

(9) With titles of rank and profession followed by a name, except when addressing the person.

le docteur Caron *Doctor Caron*

But:

"Au revoir, docteur Caron." *"Good-bye, Doctor Caron."*

(10) With proper names that are modified except in the numerical title of rulers.

la France du XVIIIe siècle *eighteeth-century France*
la douce France *(the) gentle France*
Louis quatorze (Louis XIV) *Louis the Fourteenth*

(11) With nouns of weight and measure where English uses *a, an,* or *per,* except with expressions indicating frequency of time, when *par* is used without an article.

On paie six euro la douzaine. *You pay six euros (a) per dozen.*

But:

Je dors huit heures par jour. *I sleep eight hours per day.*

EXERCISE A **L'été en France.** Rosette Lamont passe l'été à Paris. Lisez son histoire et complétez-la avec la forme correcte de l'article défini, s'il est nécessaire.

___1.___ immeuble où j'habite pendant ___2.___ été est très moderne et luxueux. Il est situé dans ___3.___ Avenue Charles ___4.___ V à Paris en ___5.___ France. ___6.___ concierge, ___7.___ M. Latour, est ___8.___ français, mais il parle ___9.___ anglais. À vrai dire, il parle très bien ___10.___ italien et ___11.___ espagnol aussi. Maintenant il est en train d'apprendre ___12.___ allemand. Si on lui pose une question trop difficile, il hausse ___13.___ épaules, cligne ___14.___ œil gauche et ignore ___15.___ question. Il me dit toujours, "Bonjour," ___16.___ professeur Manon.

Mon appartement a quatre pièces que j'ai peintes en ___17.___ blanc. J'adore ___18.___ blanc. ___19.___ salon de mon appartement est très grand. ___20.___ salle à manger est moderne. Je suis en train de refaire ___21.___ décoration dans ___22.___ chambre à coucher, qui est un peu démodée. ___23.___ cuisine est vraiment formidable parce qu'elle a toutes ___24.___ nouveautés possibles. Dans ___25.___ salle de bains il y a même un jacuzzi. Et pour tout cela je paie seulement mille euro ___26.___ loyer par ___27.___ mois. Je suis sûr que vous comprenez pourquoi j'aime tellement visiter ___28.___ France pendant ___29.___ vacances de (d') ___30.___ été et pourquoi je quitte ___31.___ école ___32.___ trente juin et je pars en ___33.___ France ___34.___ premier juillet.

2. Forms and Uses of the Indefinite Article

a. The indefinite singular article in French has two forms, *un* and *une*, corresponding to the English "a" or "an." It refers to beings and things not specifically identified. The plural indefinite article *des* has no direct English equivalent but may mean "some" or "any."

ARTICLE	USED BEFORE	EXAMPLE	MEANING
un	masculine singular nouns	un roman	a novel
une	feminine singular nouns	une pièce	a play
des	all plural nouns	des contes	some short stories

b. The indefinite article is omitted in the following cases.

(1) After *être* and *devenir* with unmodified names of nationalities, occupations, or professions.

Je suis africain.   *I am African.*
Ils deviennent docteurs.   *They are becoming doctors.*

NOTE: The article is used if the noun is modified or when *c'est* is used.

C'est *un* Anglais.   *He's an Englishman.*
Il est *un* Anglais célèbre.   *He's a famous Englishman.*

(2) After exclamatory adjectives *quel, quels, quelle, quelles*.

Quelle triste histoire!   *What a sad story!*

(3) Before the numbers *cent* and *mille*.

cent personnes   *one hundred people*
mille habitants   *one thousand inhabitants*

EXERCISE B   Une voisine. Lisez l'histoire de la voisine de Grégoire Lecompte. Complétez-la avec la forme correcte de l'article indéfini, s'il est nécessaire.

Il y a ___(1)___ mille habitants dans mon village mais je vous raconte l'histoire de (d') ___(2)___ certaine Mme Constant. C'est ___(3)___ Anglaise qui s'est mariée avec ___(4)___ Sénégalais. Elle a passé seulement ___(5)___ cent heures à apprendre le français. Très peu après, elle a écrit ___(6)___ livre en français. Juste comme ça, elle est devenue ___(7)___ écrivain. Aujourd'hui elle est ___(8)___ personne connue partout dans le monde.

3. Forms and Uses of the Partitive Article

The partitive article expresses an indefinite quantity or part of a whole (some, any). It is expressed in French by *de* + the definite article.

ARTICLE	USED BEFORE	EXAMPLE	MEANING
du	masculine singular nouns beginning with a consonant	du fromage	some cheese
de la	feminine singular nouns beginning with a consonant	de la limonade	some lemon soda
de l'	singular nouns beginning with a vowel or vowel sound	de l'ananas	some (any) pineapple
des	all plural nouns	des légumes	some vegetables

    a. Unlike English, where "some" may be omitted, the partitive article may not be omitted in French and is repeated before each noun.

        Il va préparer *du* bifteck et *de la* salade.   *He's going to prepare some steak and salad.*

    b. In a negative sentence partitive articles become *de* (*d'*) before a direct object.

        Nous n'avons pas *de* devoirs.   *We don't have any homework.*

    c. When an adjective precedes a plural noun, *des* is usually replaced by *de*.

        Elle porte *de* nouveaux vêtements.   *She is wearing new clothes.*

    d. When a plural adjective is part of a compound noun, the form *des* is used.

        des **jeunes gens**   *young people*

    e. When an adjective precedes a singular noun, the partitive is expressed with or without the article. The partitive with the article is the more common form.

        Il fait *du* bon travail.
        Il fait *de* bon travail.   *He does (some) good work.*

    f. After *ne... que* (only), *de* is used with the article, provided there is no adjective preceding a plural noun.

        Elle ne fait que *de la* poterie.   *She only makes pottery.*

        But:

        Elle ne fait que *de* jolis vases.   *She only makes pretty vases.*

g. The partitive is omitted after *sans* (without) and *ne... ni... ni* (neither... nor).

C'est une chanson sans paroles. *It's a song without words.*
Je ne mange ni pommes ni poires. *I eat neither apples nor pears.*

h. With nouns and adverbs of quantity and expressions with *de*, *de* is used alone.

Il a beaucoup *d'*amis. *He has a lot of friends.*
Elle a laissé tomber une bouteille *d'*eau. *She dropped a bottle of water.*
J'ai besoin *d'*un stylo *I need a pen.*

EXERCISE C Au régime. Exprimez ce que Liliane prend quand elle est au régime.

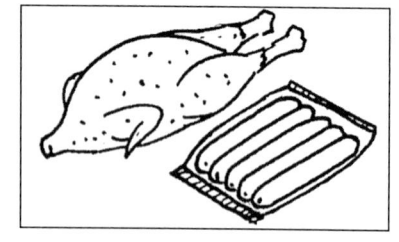

EXAMPLE: vouloir
Elle veut **du poulet**.
Elle ne veut pas **de saucisses**.

1. manger

2. boire

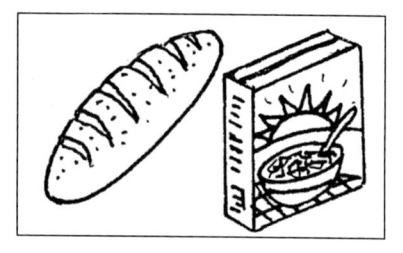

3. prendre

4. préparer

5. consommer

6. choisir

4. Demonstrative Adjectives

Demonstrative adjectives point out the object or person referred to (this, that, these, those). They precede and agree with the nouns they modify.

DEMONSTRATIVE ADJECTIVE	USED BEFORE	EXAMPLE	MEANING
ce	a masculine singular noun beginning with a consonant	ce stade	*this (that)* stadium
cet	a masculine singular noun beginning with a vowel	cet hôtel	*this (that)* hotel
cette	a feminine singular noun	cette boutique	*this (that)* store
ces	all plural nouns	ces jardins	*these (those)* gardens

NOTE: 1. The demonstrative adjective is repeated before each noun.

cette **voiture et** *ce* **camion**   *this (that) car and this (that) truck*

2. To distinguish between "this" and "that" or between "these" and "those," -*ci* and -*là* are placed, with hyphens, after the nouns being compared. For "this" or "these," -*ci* is added; for "that" or "those," -*là* is added.

ce restaurant-*ci* **ou ce restaurant**-*là*	*this restaurant or that restaurant*
ces hôtels-*ci* **ou ces hôtels**-*là*	*these hotels or those hotels*

EXERCISE D À l'hôtel. Comparez ces gens en faisant tous les changements nécessaires.

EXAMPLE: ces épiciers/honnête/malhonnête
   Ces épiciers-**ci** sont honnêtes tandis que **ces** épiciers-**là** sont malhonnêtes.

1. ce docteur/optimiste/pessimiste

2. cette avocate/sincère/insincère

3. ce professeur/indulgent/sévère

4. cet entraîneur/fort/faible

5. ces chercheuses/ordinaire/extraordinaire

6. cette pâtissière/paresseux/travailleur

5. Gender of Nouns

French nouns are either masculine or feminine. There are no general rules to determine the gender of all nouns, but the gender of many nouns can be determined by their meaning or their ending. The gender of other nouns must be learned individually.

a. Nouns that refer to males are masculine. Nouns that refer to females are feminine.

le garçon *the boy* **la fille** *the girl*

b. The gender of some nouns may be determined by their ending.

MASCULINE			FEMININE		
-acle	spect*acle*	*show*	-ade	promen*ade*	*walk*
-age*	vill*age*	*village*	-ale	cathédr*ale*	*cathedral*
-al	journ*al*	*newspaper*	-ance	ch*ance*	*luck*
-eau*	chap*eau*	*hat*	-ence	dilig*ence*	*diligence*
-et	bill*et*	*ticket*	-ette	couch*ette*	*berth*
-ier	quart*ier*	*neighborhood*	-ie	boug*ie*	*candle*
-isme	cycl*isme*	*cycling*	-ique	mus*ique*	*music*
-ment	docu*ment*	*document*	-oire	gl*oire*	*glory*
			-sion	révi*sion*	*revision*
			-tion	nata*tion*	*summary*
			-ure	bless*ure*	*wound*

c. Some feminine nouns are formed by adding *e* to the masculine.

MASCULINE	FEMININE	MEANING
l'avocat	l'avocat*e*	*lawyer*
l'employé	l'employé*e*	*employee*
le Français	la Français*e*	*French person*

d. Some feminine nouns are formed by changing the masculine ending to a feminine ending.

MASCULINE		FEMININE		MEANING
-an	pays*an*	-anne	pays*anne*	*peasant*
-el	contractu*el*	-elle	contractu*elle*	*meter reader*
-er	bouch*er*	-ère	bouch*ère*	*butcher*
-eur	cherch*eur*	-euse	cherch*euse*	*researcher*
-ien	musi*cien*	-ienne	musi*cienne*	*musician*
-ier	port*ier*	-ière	port*ière*	*porter*
-on	patr*on*	-onne	patr*onne*	*boss*
-teur	avia*teur*	-trice	avia*trice*	*aviator*

---

*Note these exceptions, which are all feminine: *la page, la plage; l'eau, la peau.*

62 Chapter 6

e. Some nouns have the same form in the masculine and the feminine.

l'artiste	artist	l'enfant	child
le (la) camarade	friend	le (la) malade	patient
le (la) collègue	colleague	le (la) secrétaire	secretary
le (la) concierge	caretaker	le (la) touriste	tourist
l'élève	student		

f. Some nouns are masculine or feminine depending upon their meaning.

MASCULINE		FEMININE	
le critique	critic	la critique	criticism
le livre	book	la livre	pound
le mémoire	report, thesis	la mémoire	memory
le mode	method, mood	la mode	style, fashion
le poste	job	la poste	post office
le tour	trip, turn	la tour	tower
le vase	vase	la vase	mud

g. Some nouns are always masculine or feminine regardless of the gender of the person referred to.

ALWAYS MASCULINE		ALWAYS FEMININE	
l'agent de police	police officer	la connaissance	acquaintance
le bébé	baby	la personne	person
le chef	chef, cook, chief, head	la vedette	movie star
le dentiste	dentist	la victime	victim
le docteur	doctor		
l'écrivain	writer		
l'ingénieur	engineer		
le mannequin	fashion model		
le médecin	doctor		
le peintre	painter		
le pompier	firefighter		
le professeur	teacher, professor		

EXERCISE E Masculin ou feminin? Complétez chaque phrase avec l'article défini, l'article indéfini, le partitif, ou l'adjectif démonstratif qui convient.

1. _____ critique écrit _____ critique de (d') _____ pièce où _____ vedette principale perd _____ mémoire tout de suite après _____ mariage de sa soeur à son petit ami.

2. _____ chercheur démontre _____ compétence, _____ diligence et _____ connaissance inattendue _____ biologie quand il note _____ conclusion importante dans _____ mémoire qu'il écrit pour _____ département des sciences.

3. _____ écrivain est _____ personne honnête qui explique pourquoi il écrit _____ histoire pour _____ journal de (d') _____ village où _____ habitants suffrent _____ pessimisme.

4. _____ coiffure _____ mannequin est très à _____ mode et souligne _____ peau douce de sa figure, qui ressemble à celle de (d') _____ bébé.

5. Il y a _____ spectacle devant _____ poste et près de _____ tour du quartier où _____ paysan, _____ bougie à _____ main, joue de _____ trompette.

6. Plural of Nouns

a. The plural of most French nouns is formed by adding *s* to the singular.

SINGULAR	PLURAL
le café *the café*	**les cafés** *the cafés*
une histoire *a story*	**des histoires** *some stories*
cet appartement *this apartment*	**ces appartements** *these apartments*

b. Nouns ending is *–s, –x, or –z* remain unchanged in the plural.

SINGULAR	PLURAL
le bras *the arm*	**les bras** *the arms*
ce prix *this prize*	**ces prix** *these prizes*
un nez *a nose*	**des nez** *some noses*

c. Nouns ending in *–eau* and *–eu* add *x* in the plural.

SINGULAR	PLURAL
un gâteau *a cake*	**des gâteaux** *some cakes*
le feu *the fire*	**les feux** *the fires*

NOTE: *le pneu* "the tire" becomes *les pneus* in the plural.

d. Nouns ending in *–al* change *–al* to *–aux* in the plural.

l'animal *the animal*   **les animaux** *the animals*

Exceptions to this rule include: *les bals* (the dances) and *les festivals* (the festivals).

e. A few common nouns ending in *–ou* add *x* in the plural.

le bijou *the jewel*	**les bijoux** *the jewels*
le caillou *the pebble*	**les cailloux** *the pebbles*
le chou *the cabbage*	**les choux** *the cabbages*
le genou *the knee*	**les genoux** *the knees*
le hibou *the owl*	**les hiboux** *the owls*
le joujou *the toy*	**les joujoux** *the toys*

Other nouns ending in *–ou* add *s* in the plural.

le clou *the nail*	**les clous** *the nails*
le trou *the hole*	**les trous** *the holes*

f. Some nouns have irregular plurals.

SINGULAR	PLURAL
le ciel *the sky*	**les cieux** *the skies*
l'œil (*m.*) *eye*	**les yeux** *eyes*
madame *Madam, Mrs.*	**mesdames** *ladies*
mademoiselle *Miss*	**mesdemoiselles** *Misses*
monsieur *gentleman, Mr.*	**messieurs** *gentlemen*
le travail *work*	**les travaux** *works*

g. Plurals of common compound nouns.

SINGULAR	PLURAL
l'après-midi (*m.*) *afternoon*	**les après-midi**
le chef d'œuvre *masterpiece*	**les chefs d'œuvre**
la grand-mère *grandmother*	**les grands-mères**
le grand-père *grandfather*	**les grands-pères**
le gratte-ciel *skyscraper*	**les gratte-ciel**
le hors-d'œuvre *appetizer*	**les hors d'œuvre**
le rendez-vous *appointment*	**les rendez-vous**

h. A few nouns are used mainly in the plural.

les ciseaux (*m.*) *scissors*	**les mathématiques** (*f.*) *mathematics*
les gens (*m.* or *f.*) *people*	**les vacances** (*f.*) *vacation*
les lunettes (*f.*) *eyeglasses*	

i. Family names do not add *s* in the plural.

les Chaperon *the Chaperons*

EXERCISE F   *L'exotisme.* Décrivez ces choses exotiques en mettant les phrases au pluriel.

EXAMPLE: Ce tissu est importé.   Ces **tissus** sont importés.

1. Cet hibou est exotique. _____
2. Cet hors-d'œuvre est extraordinaire. _____
3. Ce gratte-ciel est magnifique. _____
4. Ce monsieur est élégant. _____
5. Ce tapis est fait à la main. _____

Articles and Nouns 65

6. Cette croix est différente. _____
7. Ce château est grandiose. _____
8. Ce lieu est pittoresque. _____
9. Cet animal est formidable. _____
10. Ce festival est amusant. _____

7. Nouns of Quantity

Nouns that express quantity or measure are followed by *de* alone before another noun. Some common nouns of quantity are:

une boîte	*a box, a can*	**une paire**	*a pair*
une bouteille	*a bottle*	**un panier**	*a basket*
une douzaine	*a dozen*	**un paquet**	*a package*
un kilogramme	*a kilogram*	**un sac**	*a bag*
un litre	*a liter*	**une tranche**	*a slice*
une livre	*a pound*	**un tas**	*a pile*
un mètre	*a meter*	**une tasse**	*a cup*
un morceau	*a piece*	**un verre**	*a glass*

Il me faut *un litre* d'eau minérale.   *I need a liter of mineral water.*

EXERCISE G Au supermarché. Exprimez ce que Mme Henri achète au supermarché.

EXAMPLE: kilo/saucisson   Elle achète **un kilo de saucisson.**

1. litre/lait _____
2. douzaine/œufs _____
3. paquet/pâtes _____
4. bouteille/eau minérale _____
5. boîte/conserves _____
6. sac/chips _____

EXERCISE H À la mode. Travaillez avec un camarade de classe. À tour de rôle, exprimez ce que vos amis et les membres de votre famille aiment recevoir comme cadeau. Complétez votre liste pour six personnes.

EXERCISE 1   **Ma chambre.** Écrivez une note à un(e) ami(e) où vous décrivez votre chambre avant que vous la rangiez.

CHAPTER 7
Object Pronouns

1. Direct and Indirect Object Pronouns

a. Forms

	DIRECT OBJECT PRONOUNS		INDIRECT OBJECT PRONOUNS	
SINGULAR	me (m') te (t') le (l') la (l')	me you (familiar) him, it (masculine) her, it (feminine)	me (m') te (t') lui lui	(to) me (to) you (familiar) (to) him (to) her
PLURAL	nous vous les	we you (also formal singular) them	nous vous leur	(to) us (to) you (also formal singular) (to) them

NOTE: The forms *me, te, nous,* and *vous* are both direct and indirect object pronouns.

b. Uses

A direct object pronoun replaces a direct object noun and answers the question whom? or what?

Il *l'*étudie.	*He studies it.*
Il étudie le français.	*He studies French.*
Nous cherchons les garçons.	*We are looking for the boys.*
Nous *les* cherchons.	*We are looking for them.*

NOTE: Verbs that take an indirect object in English do not necessarily take an indirect object in French. Verbs like *attendre* (to wait for), *écouter* (to listen to), *chercher* (to look for), *demander* (to ask for), *payer* (to pay for), and *regarder* (to look at) take a direct object in French.

| **Elle attend son petit ami.** | *She is waiting for her boyfriend.* |
| **Elle *l'*attend.** | *She is waiting for him.* |

An indirect object pronoun replaces an indirect object noun and answers the question to whom? or for whom?

| **Il lit à son enfant.** | *He reads to his child.* |
| **Il *lui* lit.** | *He reads to him (her).* |

NOTE: 1. The verbs *obéir (à)* (to obey), *désobéir (à)* (to disobey), *répondre (à)* (to answer,), *ressembler (à)* (to resemble), and *téléphoner (à)* (to telephone) take an indirect object in French.

| **Ils ressemblent à leurs parents.** | *They look like their parents.* |
| **Ils *leur* ressemblent.** | *They look like them.* |

2. Note the use of the indirect object with the verb *plaire* (to please).

Ces suggestions *lui* plaisent.	*He likes those suggestions. (Literally: Those suggestions please him.)*
Cette suggestion *leur* plaît.	*They like that suggestion. (Literally: That suggestion pleases them).*

3. Note the use of the indirect object with the verbs *falloir* (to be necessary) and *manquer* (to miss).

Il *te* faut un dictionnaire.	*You need a dictionary. (Literally: A dictionary is needed by you.)*
Tu *me* manques.	*I miss you. (Literally: You are missing to me.)*

c. Position of Object Pronouns

1. Direct and indirect object pronouns normally precede the verb.

***La* voilà.**	*There it is.*
Je (ne) *t'*écoute (pas).	*I'm (not) listening to you.*
(Ne) *Me* comprends-tu (pas)?	*Do(n't) you understand me?*
Elle (ne) *l'*a (pas) trouvé.	*She found (didn't find) it.*
(Ne) *Le* regardiez-vous (pas)?	*Were(n't) you watching it?*
Il (ne) *leur* écrira (pas).	*He will (not) write to them.*
(Ne) *t'*aurait-il (pas) raconté l'histoire?	*Would(n't) he have told you the story?*

NOTE: In compound tenses, past participles agree in gender and number with a preceding direct object.

Ces livres? Je *les* ai déjà lus.	*Those books? I read them already.*
Regarde la peinture qu'il a faite.	*Look at the picture he has done.*

2. In an affirmative command only, the object pronoun follows the verb and is attached to it by a hyphen. The pronouns *me* and *te* change to *moi* and *toi* respectively after the verb. In a negative command, the object pronoun retains its usual position before the verb.

AFFIRMATIVE COMMAND		NEGATIVE COMMAND	
Cherche-*les*.	*Look for them.*	**Ne *les* cherche pas.**	*Don't look for them.*
Donne-*moi* ça.	*Give me that.*	**Ne *me* donne pas ça.**	*Don't give me that.*
Couvre-*toi*.	*Cover yourself.*	**Ne *te* couvre pas.**	*Don't cover yourself.*

3. When an object pronoun is used with an infinitive, the pronoun precedes the verb of which it is the object, normally the infinitive.

Je voudrais *te* parler.	*I would like to speak to you.*
(Ne) Viens (pas) *le* voir.	*(Don't) Come to see him.*

(Ne) Sont-*ils* (pas) allés l'aider?	*Did(n't) they go to help her?*

NOTE: An object pronoun precedes a verb of perception (like *écouter, entendre, regarder, sentir, voir*) and the verbs *faire* and *laisser* when followed by an infinitive.

Le professeur regarde les élèves travailler.	*The teacher watches the students work.*
Le professeur *les* regarde travailler.	*The teacher watches them work.*
Papa fait tondre la pelouse.	*Dad has the lawn mowed.*
Papa *la* fait tondre.	*Dad has it mowed.*

4. Object pronouns precede *voici* and *voilà*.

***Le* voilà.**	*There it is.*
***Vous* voici.**	*Here you are.*

EXERCISE A   **Le dimanche.** Exprimez ce que chaque personne fait le dimanche en remplaçant le nom souligné par un complément direct ou indirect.

EXAMPLE: Jean nettoie la maison.   Jean **la** nettoie.

1. Je téléphone à mes amis.

   _____

2. Vous regardez la télé.

   _____

3. Gisèle écrit à sa correspondante française.

   _____

4. Henri et Pierre font leurs devoirs.

   _____

5. Nous rangeons le salon.

   _____

6. Tu écoutes tes CD.

   _____

EXERCISE B   **On voyage à l'étranger.** Vous faites un voyage à l'étranger et votre mère vous pose des questions avant votre départ. Répondez-lui en employant un complément direct en faisant tous les accords nécessaires.

EXAMPLE: As-tu obtenu tes billets d'avion? (oui)   Oui, je **les** ai obtenus.
             As-tu dit "au revoir" à Hervé? (non)   Non, je ne **l'ai** pas dit à Hervé.

1. As-tu vu à tes grands-parents? (oui)

2. As-tu fermé toutes les fenêtres? (non)

3. As-tu donné tes clefs à ton frère? (non)

4. As-tu reservé ta chambre d'hôtel? (oui)

5. As-tu changé tes dollars en euro? (oui)

6. As-tu expliqué ton itinéraire à Lucien et à Nancy? (non)

7. As-tu mis toutes tes affaires dans ta valise? (non)

8. As-tu validé ton passeport? (oui)

2.   The Pronoun *y*

The adverbial pronoun *y* always refers to previously mentioned things or places. It generally replaces *à* + noun but may also replace other prepositions of position or location such as *chez, dans, en, sous,* or *sur* + noun. The pronoun *y* most commonly means to it/them, in it/them, on it/them, and there (when the place has already been mentioned). Sometimes the meaning of *y* is not expressed in English.

Ils vont *en ville.*   *They are going to the city.*
Ils *y* **vont.**   *They are going there.*

Il a répondu *au message électronique.*	*He answered the e-mail.*
Il *y* a répondu.	*He answered it.*
Elles ne seraient pas restées *dans cet hôtel.*	*They wouldn't have stayed in that hotel.*
Elles n'*y* seraient pas restées.	*They wouldn't have stayed there.*
Est-elle *devant la maison?*	*Is she in front of the house?*
Oui, elle *y* est.	*Yes, she is.*

NOTE: 1. The pronoun *y* follows the same rules of position in the sentence as direct and indirect object pronouns.

Il (n') y va (pas).	*He is(n't) going there.*
(N')Y reste-t-il (pas)?	*Is(n't) he staying there?*
Ils (ne) doivent (pas) y aller.	*They must(n't) go there.*
Elle (n') y a (pas) cherché son sac.	*She looked (didn't look) for her bag there.*
(N') Y passiez-vous (pas) la nuit?	*Weren't) you spending the night there?*
Ils (n') y seront (pas).	*They will (not) be there.*
(N') Y aurais-tu (pas) voyagé?	*Would(n't) you have traveled there?*
Je (ne) m'y suis (pas) couché.	*I did(n't) sleep there.*

2. The pronoun *y* may replace *à* + clause.

Je pense souvent *à ce qu*'il a dit.	*I often think about what he said.*
J'*y* pense souvent.	*I often think about it.*

3. Affirmative familiar commands (*tu* form) of *–er* verbs and *aller* retain the final *s* before *y*.

AFFIRMATIVE COMMAND		NEGATIVE COMMAND	
Montes-y!	Go up there!	N'y monte pas!	Don't go up there!
Vas-y!	Go there!	N'y va pas!	Don't go there.

EXERCISE C **On fait du camping.** Vous faites du camping et vos amis vous offrent des suggestions et vous posent des questions. Récrivez leurs phrases en employant *y*.

EXAMPLE: Voudrais-tu faire du camping en France?   **Y** voudrais-tu faire du camping?

1. Ne marche pas dans les bois seul.

___

2. Va dans les montagnes faire une randonnée.

___

3. Passeras-tu la nuit à la belle étoile?

4. Ne vas-tu pas penser à tes projets?

5. As-tu mis ta tente dans ta voiture?

6. Dormiras-tu dans un sac de couchage?

7. N'as-tu pas envie de rester chez toi?

8. Peux-tu jouer aux cartes le soir?

3. The Pronoun *en*

a. The adverbial pronoun *en* refers to previously mentioned places or things. *En* means about it/them, from it/them, of it/them, or from there when it replaces a noun introduced by the preposition *de*.

Elle vient de France.	*She comes from France.*
Elle *en* vient.	*She comes from there.*
Il parle de ses aventures.	*He talks about his adventures.*
Il *en* parle.	*He talks about them.*

b. *En* means some or any (of it/them) when it replaces a noun introduced by the partitive article. In this case it may refer to persons as well as things.

Tu veux de la viande?	*Do you want some meat?*
Oui, j'*en* veux.	*Yes, I want some.*
Tu prends du café?	*Are you having some coffee?*
Non, je n'*en* prends pas.	*No I'm not having any.*
Tu as des amis français?	*Do you have French friends?*
Oui, j'*en* ai.	*Yes, I have some.*

NOTE: If *de* + a noun referring to a person means "of" or "about," then a stress pronoun is used.

Ils parlent de Paul.	*They speak about Paul.*
Ils parlent de lui.	*They speak about him.*

c. *En* is also used when the noun is omitted after a number or an expression of quantity.

Tu as deux crayons?	*Do you have two pencils?*
Non, j'*en* ai un seulement	*No, I have only one (of them).*
Il a beaucoup d'argent?	*Does he have a lot of money?*
Oui, il *en* a beaucoup.	*Yes, he has a lot (of it).*
J'ai mangé la moitié du sandwich.	*I ate half of the sandwich.*
J'*en* ai mangé la moitié.	*I ate half (of it).*

d. *En* is always expressed in French even though it may have no English equivalent.

Avez-vous de l'argent?	*Do you have money?*
Oui, j'*en* ai.	*Yes, I do.*

NOTE: 1. *En* follows the same rules of position in the sentence as other object pronouns.

Je (n') *en* cherche (pas).	*I am (not) looking for some (any).*
(N') *En* veut-t-il (pas)?	*Does(n't) he want some (any)?*
Ils (ne) peuvent (pas) *en* manger.	*They can (not) eat some (any).*
Elle (n') *en* a (pas) trouvé.	*She found (didn't find) some (any).*
(N') *En* achetiez-vous (pas)?	*Were(n't) you buying some (any)?*
Il (n') *en* ferai (pas).	*He will (not) do some (any).*
(N') *En* aurais-tu (pas) choisi?	*Would(n't) you have chosen some (any)?*
Je (ne) m'*en* suis (pas) souvenu à temps?	*I did(n't) remember on time?*

2. The pronoun *en* may replace *de* + clause.

Il parle *de ce qu'il fait*.	*He speaks about what he does.*
Il *en* parle.	*He speaks about it.*

3. Affirmative familiar commands (*tu* form) of *–er* verbs retain the *s* before *en*.

Manges-*en*! *Eat some!*   **N'*en* mange pas!** *Don't eat any!*

4. *En* precedes *voici* and *voilà*.

En voilà (beaucoup).   *There are some. (Here are many [of them]).*

EXERCISE D   **Un voyage.** Vous faites un voyage à l'étranger tout seul pour la première fois et vos parents vous offrent des suggestions et des conseils et vous posent des questions. Récrivez leurs phrases en employant *en*.

EXAMPLE: Que penses-tu de ce voyage?   Qu'**en** penses-tu?

1. Ne prends pas trop de photos.

2. Mange des spécialités françaises.

3. Emportes-tu assez d'argent?

4. Ne vas-tu pas faire d'excursions?

5. As-tu acheté assez de valises?

6. Il n'y a jamais de problèmes sérieux.

7. Ne parleras-tu pas de toutes tes expériences?

8. Tu vas acheter beaucoup de souvenirs?

4.   Double Object Pronouns

    a. Order of Pronouns Before the Verb

me te nous vous	le (l') la (l') les	lui leur	y	en	+ verb

    Elle (ne) *me la* montre (pas).   *She shows (doesn't show) it to me.*
    Je (ne) peux (pas) *le lui* dire.   *I can (not) tell it to him (her).*

(Ne) *leur en* **as-tu (pas) parlé?**	*Did(n't) you speak to them about it (them)?*	
Il (n') *y en* **avait (pas) beaucoup.**	*There were (not) a lot of them.*	
Je (ne) *te l'* **écrirai (pas).**	*I will (not) write it to you.*	
Ils (ne) *me l'* **enverraient (pas).**	*They would (wouldn't) send it to me.*	

b. Order of Pronouns After the Verb

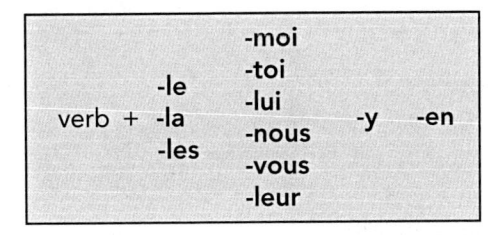

verb +	-le -la -les	-moi -toi -lui -nous -vous -leur	-y	-en

NOTE: *Moi + en* and *toi + en* become *m'en* and *t'en* respectively.

Montrez-*la-moi*.	*Show it to me.*
Ne *me la* montrez pas.	*Don't show it to me.*
Prête-*m'en*.	*Lend me some.*
Ne *m'en* prête pas.	*Don't lend me any.*

EXERCISE E **Au travail.** Exprimez ce que font ces personnes au travail en utilisant les pronoms qui conviennent.

EXAMPLE: Un missionaire consacre sa vie aux pauvres.   Un missionaire **la leur** consacre.

1. Un politicien explique ses idées aux gens.

   _____

2. Un arbitre rend son jugement sur le terrain de football.

   _____

3. Un psychologue donne des conseils à ses clients.

   _____

4. Un clown amuse les enfants au cirque.

   _____

5. Un guitariste joue de son instrument devant ses admirateurs.

   _____

6. Un entraîneur entraîne ses clients au gymnase.

   _____

EXERCISE F **Les tâches.** Votre mère vous explique vos tâches. Récrivez ses phrases en employant les pronoms qui conviennent.

EXAMPLE: Sers le repas à tes sœurs.   Sers-**le-leur.**

1. Rends les livres à la bibliothèque.

2. Envoie ces lettres aux Pascal.

3. Achète les légumes à l'épicerie.

4. Offre ce gâteau à Mme Chénier.

5. Cherche ton chien dans le jardin.

6. Donne du lait aux chats.

EXERCISE G **Les métiers.** Travaillez avec un camarade de classe et discutez des métiers différents. Faites une liste de ce que font six personnes. Ensuite remplacez tous les noms par les pronoms convenables.

un avocat	un fermier	un poète
un bijoutier	un joueur de football	un professeur
un chef de cuisine	un mécanicien	un serveur
un docteur	un peintre	

EXAMPLE: **Un docteur guérit les malades dans un hôpital.   Un docteur les y guérit.**

EXERCISE H　**Une soirée.** Écrivez une note à un(e) ami(e) où vous parlez d'une soirée à laquelle vous avez assisté. Dites ce que vous y avez fait et pourquoi vous vous y êtes amusé(e).

CHAPTER 8
Relative, Stress, and Demonstrative Pronouns

1. Relative Pronouns

A relative pronoun introduces a clause that describes someone or something mentioned in the main clause. The person or thing the pronoun refers to is called the antecedent because it precedes the relative pronoun. The most common relative pronouns are *qui* and *que*.

a. Qui

Qui (who, which, that) serves as the subject of the verb in the relative clause that it introduces. It is used for both persons and things. *Qui* may also serve as the object of a preposition in a relative clause referring to people.

[relative clause]
Où est la fille *qui* danse si gracieusement? *Where is the girl who dances so gracefully?*
[antecedent] [subject] [verb]

[relative clause]
J'ai vu un film *qui* est formidable. *I saw a film that is great.*
[antecedent] [subject] [verb]

[relative clause]
Regarde le garçon avec *qui* elle parle. *Look at the boy with whom she is speaking.*
[antecedent] [prep.] [subject] [verb]

NOTE: The verb of a relative clause introduced by *qui* agrees with its antecedent noun or stress pronoun.

[relative clause]
C'est *eux* qui *achètent* cette maison. *They are buying that house.*
[antecedent] [subject] [verb]

b. Que

Que (whom, which, that) serves as the direct object of the verb in a relative clause and is usually followed by a subject noun or pronoun. It is used for both persons and things. The relative pronoun is always expressed in French although it is frequently omitted in English. Note that *que* becomes *qu'* before a vowel.

[relative clause]
M. Henri est le professeur *que* je respecte le plus. *M. Henri is the teacher I respect the most.*
[antecedent] [object] [subject] [verb]

[relative clause]
Écoute le poème *que* j'ai écrit. *Listen to the poem (that) I wrote.*
[antecedent] [object] [subject] [verb]

Since *que* functions as a direct object pronoun and precedes the verb, the past participle of a compound verb agrees with the antecedent of *que*.

La voiture *qu'ils ont achetée* est très sport.   *The car (that) they bought is very sporty.*

NOTE: The relative pronoun is always expressed in French, although it is frequently omitted in English. *Que* becomes *qu'* before a vowel.

Je te montre les vêtements *que* j'ai achetés.   *I show you the clothes I bought.*

Lis la lettre *qu'il a envoyée*.   *Read the letter (that) he sent.*

EXERCISE A   Les opinions.   Exprimez vos opinions en combinant les phrases.

EXAMPLES: Ce sont des films comiques. J'ai vu ces films.   Les films **que j'ai vus** sont comiques.

Un homme a chanté. Il était superbe.   L'homme **qui a chanté** était superbe.

1. J'admire cette voiture. Elle a acheté cette voiture.

2. Le concert a eu lieu samedi soir. Il était chouette.

3. Les spectacles ont été présentés au théâtre. Ils étaient incroyables.

4. J'ai beaucoup aimé cette fête. Ils ont donné cette fête.

5. Mon actrice favorite a joué le rôle de Cléopâtre. Elle était magnifique.

6. J'adore ces vêtements. Tu as choisi ces vêtements.

c. LEQUEL

1. *Lequel* (which) and its forms may serve as objects of a preposition in a relative clause referring primarily to things. Although *qui* is generally used for people, *lequel* and its forms may also be used. With the prepositions *entre* (between) and *parmi* (among), a form of *lequel* is always used when referring to people. *Lequel* agrees in gender and number with its antecedent.

	SINGULAR	PLURAL
MASCULINE	lequel	lesquels
FEMININE	laquelle	lesquelles

Voici *la boutique* devant *laquelle* je gare ma voiture. *Here is the store in front of which I park my car.*

C'est *la femme* à qui (*à laquelle*) j'ai parlé. *That's the woman I spoke to.*

2. *Lequel* and its forms are used to clarify the gender and number of the antecedent.

Le frère de mon amie avec qui je sors est très comique.
(*qui* may refer to either *le frère* or *mon amie*)
Le frère de mon amie avec lequel je sors est très comique.
(*lequel* clearly refers to *le frère*)

My friend's brother, with whom I am going out, is very funny.

3. After the prepositions *à* and *de*, *lequel* and its forms contract as follows.

	SINGULAR		PLURAL	
	MASCULINE	FEMININE	MASCULINE	FEMININE
	auquel	à laquelle	auxquels	auxquelles
	duquel	de laquelle	desquels	desquelles

C'est *le problème duquel* il parlait. *That's the problem about which he was speaking.*

J'aime *les magasins auxquels* il est allé. *I like the stores he went to.*

EXERCISE B **Dans le grenier.** Votre mère range le grenier et trouve des souvenirs de l'enfance de son grand-père. Exprimez ce qu'elle dit en regardant les objets.

EXAMPLE: des jouets/avec/jouer   Voici **des jouets avec lesquels** il a joué.

1. la brosse/avec/peindre sa première peinture

_____

2. les journaux/dans/écrire ses premiers poèmes

_____

3. une photo du camp/à/aller

_____

4. des revues/pour/rédiger des articles

_____

5. une tirelire/dans/épargner son argent

_____

6. un cheval à bascule/sur/monter

_____

d. DONT

(a) The relative pronoun *dont* is used with verbs and expressions requiring *de* and has the same meaning as *de qui, duquel, de laquelle, desquel(le)s*. *Dont* immediately follows its antecedent and may refer to people or things.

C'est *l'artiste dont* (*de qui*) j'ai fait la connaissance.	*That's the artist whom I met.*
J'ai lu *l'article dont* (*duquel*) tout le monde parle.	*I've read the article everyone is talking about.*
Ces *tennis dont* (*desquelles*) j'ai acheté deux paires ne sont pas confortables.	*These sneakers, of which I bought two pairs, aren't comfortable.*
Peux-tu me prêter *les livres dont* (*desquels*) j'ai besoin?	*Can you lend me the books I need?*

NOTE: 1. Although *de qui* or *de* + a form of *lequel* may be used to refer to people or things, *dont* is generally preferred.

2. *Dont* may not follow compound prepositions ending with *de* (*à côté de, près de, en face de*, etc.). Instead, *de qui*, (for persons) or *de* + a form of *lequel* (for persons or things) is used.

C'est la fille à côté *de qui* (*de laquelle*) je travaille.	*That's the girl I work next to.*
C'est le café en face *duquel* se trouve le cinéma.	*That's the café opposite which the movie is located.*

(b) *Dont* (whose) is used to express possession or relationship. Note the word order in the clause after *dont*. When *dont* is used to show possession, the definite article (not the possessive adjective) is required.

C'est l'homme *dont* je connais la femme.	*That's the man whose wife I know.*
C'est un docteur *dont* les recherches sont bien connues.	*That's a doctor whose research is well-known.*

82 Chapter 8

EXERCISE C La préoccupation. M. Legrendre est un homme très préoccupé. Exprimez ses pensées.

EXAMPLE: Les noces de sa fille sont une grande affaire. Il se préoccupe de cette affaire.
Les noces de sa fille sont **une grande affaire dont** il se préoccupe.

1. Ronger ses ongles est une habitude. Il a honte de cette habitude.

2. Survivre une catastrophe est un cauchemar. Il a peur de ce cauchemar.

3. La patience est une vertu. Il a besoin de cette vertu.

4. La pauvreté est un problème. Il s'inquiète de ce problème.

5. Faire le tour du monde est une expérience. Il rêve souvent de cette expérience.

6. La guerre est un événement. Il parle souvent de cet événement.

    e. *Où*

    The relative pronoun *où* (where, in which, on which, when, that) is used to indicate "the place where" (replacing *dans*, *à*, *sur* + a form of *lequel*) or "a specific time when."

Je me souviens de l'endroit *où* je t'ai vu la première fois.	*I remember the place (where) I saw you for the first time.*
Voilà l'école *où* (*dans laquelle*) mon père travaille.	*There's the school where (in which) my father works.*

EXERCISE D Sa jeunesse. Robert retourne à sa ville natale après de longues années d'absence. Exprimez ce qu'il dit à sa femme.

EXAMPLE: le bureau/travailler   C'est le bureau **où** j'ai travaillé.

1. le village/passer mon enfance
2. le lycée/aller
3. la maison/grandir
4. l'hôpital/naître

5. le stade/jouer au football _____

6. l'université/devenir ingénieur _____

EXERCISE E   **L'album de photos.** Exprimez les souvenirs de Janine en complétant la phrase avec le pronom relatif qui convient.

1. Le docteur Corot était le dentiste _____ je connaissais la fille.

2. Voici l'école _____ j'ai fait mes études.

3. Regarde le café à côté _____ habitait ma meilleure amie.

4. M. Granger est l'homme _____ m'a aidée avec mes études scolaires.

5. Je te montre la maison _____ mon père a bâtie.

6. Je te présente aux gens parmi _____ nous avons vécu.

7. Louis Martin est le garçon avec _____ je suis sortie.

8. Voilà le magasin _____ je suis allée.

f. *Ce qui, ce que, ce dont*

RELATIVE PRONOUN	MEANING	USE
ce qui	what (= that which)	subject of verb
ce que (ce qu')	what (= that which)	object of verb
ce dont	what (= that of which)	with expressions taking *de*

Ce qui, ce que, and *ce dont* are used as relative pronouns when there is no specific noun or pronoun antecedent. They refer to things or ideas.

Je ne comprends pas *ce qui* **est arrivé.**   *I don't understand what happened.*

J'aime *ce que* **tu fais.**   *I like what you are doing.*

Je ne sais pas *ce dont* **tu as besoin.**   *I don't know what you need.*

NOTE: 1. *Ce* + preposition + relative pronoun *quoi* (what, which), used only as an object of a preposition, refers to things that are indefinite or imprecise. In this construction, *ce* is usually omitted.

        Dis-moi (*ce***) à quoi tu penses.**   *Tell me what you are thinking about.*

   2. *Ce qui, ce que,* and *ce dont* are used after the pronoun *tout* to express "everything that, all that."

        Tout *ce qui* **est sur la table est à moi.**   *Everything on the table is mine.*

        Tout *ce que* **vous dites est vrai.**   *Everything you say is true.*

        J'ai tout *ce dont* **j'ai besoin.**   *I have everything I need.*

3. *Ce* + relative pronoun may refer to an antecedent clause.

Il m'a menti, *ce qui* **m'a bouleversé.**	*He lied to me, which distressed me.*
Il m'a menti, *ce que* **je n'ai pas attendu de lui.**	*He lied to me, which I didn't expect from him.*
Il m'a menti, *ce dont* **il a honte.**	*He lied to me, which shames him.*

EXERCISE F **L'égoïsme.** Vous êtes très égoïste. Complétez vos pensées en vous servant de ce qui, ce que, ou ce dont.

1. Je voudrais obtenir tout _____ je rêve.
2. Je voudrais faire tout _____ me plaît.
3. Je voudrais profiter de tout _____ on me donne.
4. Je voudrais oublier tout _____ m'énerve.
5. Je voudrais jouir de tout _____ la vie offre.
6. Je voudrais avoir tout _____ j'ai besoin.

2. Stress Pronouns

a. Forms

	SINGULAR			PLURAL	
(je)	moi	I, me	(nous)	nous	we
(tu)	toi	you (familiar)	(vous)	vous	you
(il)	lui	he, him	(ils)	eux	they, them
(elle)	elle	she, her	(elles)	elles	they, them
(on)	soi	oneself, yourself yourselves, ourselves themselves			

b. Uses

A stress pronoun can function either as a subject or an object. It can either replace another word or reinforce it for added emphasis.

1. Stress pronouns are used when no verb is expressed.

Qui peut m'aider? *Moi.*	*Who can help me? Me. (I can.)*
Il fait du football. *Nous aussi.*	*He plays soccer. So do we.*
Elle est plus optimiste que *lui.*	*She is more optimistic than he.*

2. Stress pronouns are used to add emphasis to a noun or another pronoun.

Eux, **ils jouent drôlement bien du piano.**	*They really play the piano well.*
Jean, *lui,* **arrive souvent en retard.**	*John often arrives late.*

Je te reconnais, *toi*.   *I recognize you.*

3. Stress pronouns are used after *ce + être*. Before *eux* and *elles* the verb *être* may be used either in the singular (*c'est eux, c'est elles*) or in the plural (*ce sont eux, ce sont elles*) although the singular is more commonly used.

   C'est nous qui **avons lavé la voiture.**   *We washed the car.*
   C'est (Ce sont) elles **qui te cherchaient.**   *They were looking for you.*

4. Stress pronouns are used after a preposition to refer to people.

   Dîne *chez moi.*   *Eat at my house.*

5. Stress pronouns are used in a compound subject or object. If one of the stress pronouns is *moi*, the verb is put in the first person plural and the *nous* may or may not be expressed. If *toi* is one of the stress pronouns, the verb is put in the second person plural (*vous* form).

   Richard et elle vont **au théâtre.**   *She and Richard are going to the theater.*
   Toi et moi (,nous) **sommes contents.**   *You and I are happy.*
   Élise et toi (,vous) sortez **maintenant?**   *Are you and Élise going out now?*

6. Stress pronouns may be reinforced by adding *-même (-mêmes)*.

   Je l'ai préparé *moi-même.*   *I prepared it myself.*
   Ils vont le réparer *eux-mêmes.*   *They are going to fix it themselves.*

   NOTE: The stress pronoun *soi* (or *soi-même*) is used with indefinite subjects like *on, chacun, tout le monde,* to refer to general statements.

   Il est important d'avoir la maîtrise de *soi.*   *It is important to have self-control.*
   Tout le monde **devrait avoir confiance en** *soi.*   *Everyone should have self-confidence.*

EXERCISE G   Actions réciproques. Exprimez ce que chaque personne fait pour l'autre en donnant l'action réciproque.

EXAMPLE: Elle lave la voiture pour vous.   **Vous lavez la voiture** *pour elle.*

1. Je fais le ménage pour vous.   _____
2. Il va au supermarché pour elles.   _____
3. Vous mettez la table pour Jeanne.   _____
4. Nous sortons la poubelle pour François.   _____
5. Tu ranges le salon pour nous.   _____
6. Il peignent la chambre pour vous.   _____

3. Demonstrative Pronouns

Demonstrative pronouns indicate or point out the person or thing referred to. They agree in gender and number with that noun.

	MASCULINE	FEMININE
SINGULAR	celui	celle
PLURAL	ceux	celles

Elle a oublié l'anniversaire de Marie et *celui de* Régine aussi.
She forgot Marie's birthday and Régine's, too.

J'achèterai cette robe-ci et *celle-là*.
I'll buy this dress and that one.

Celui and its forms are not used alone. They are generally used with one of the following:

de	the one(s) of
-ci	this one (these) here; the latter
-là	that one (those) there; the former
qui (subject)	the one(s) that
que (object)	the one(s) that

(1) *celui de*   the one of, that of

Donnez-moi mon livre et *celui de* Jacqueline.
Give me my book and Jacqueline's.

Les parents de François sont jeunes et *ceux de* Guy sont encore plus jeunes.
François's parents are young and Guy's are even younger.

(2) *celui-ci*   this (one), the latter
celui-là   that (one), the former

Regarde ces chemises. Préfères-tu *celle-ci* ou *celle-là*?
Look at these shirts. Do you prefer this one or that one?

Monet et Picasso étaient artistes; *celui-ci* était cubiste et *celui-là* était impressioniste.
Monet and Picasso were artists, the latter was a cubist and the former was an impressionist.

(3) *celui qui*   the one that (subject)
celui que   the one that (object)
celui dont   the one of which
celui où   the one in which, the one where

***Celui qui* courra le plus vite gagnera la compétition.**
The one who runs the fastest will win the competition.

La voiture verte est *celle que* je vais acheter.
The green car is the one I am going to buy.

Ces médicaments sont *ceux dont* j'ai besoin.
These medications are the ones I need.

> **À quelles boutiques vont-elles? À *celles* où il y a des réductions des prix.**
>
> *To which boutiques are they going? To the ones where there are price reductions.*

NOTE: In the construction *celui* + relative pronoun, the relative pronoun may be the object of a preposition.

> **Cette avocate est *celle pour* qui nous avons beaucoup de respect.**
>
> *That lawyer is the one for whom we have a lot of respect.*

EXERCISE H Les vêtements. Exprimez vos préférences en utilisant le pronom démonstratif qui convient.

EXAMPLE: Regarde les blousons. Je préfère ce blouson. Il n'y a pas de fermeture-éclair.
Je préfère **celui où** il n'y a pas de fermeture-éclair.

1. Regarde les chemises. Je préfère la rouge.

2. Regarde les chapeaux. Je préfère les chapeaux que tu essaies.

3. Regarde les manteaux. Je préfère le manteau là-bas.

4. Regarde les robes. Je préfère les robes longues. J'en ai besoin pour aller au travail.

5. Regarde les shorts. Je préfère ces shorts. Il n'y a pas de boutons.

6. Regarde les jupes. Je préfère les jupes ici.

4. *Ceci, cela* (ça)

The demonstrative pronouns *ceci* (this) and *cela* (ça) (that) refer to objects, ideas, or facts indicated or pointed to but not named. While *cela* (ça) generally refers to an idea or fact already mentioned, *ceci* introduces it.

> **Donnez-leur *ceci*, pas *cela* (ça).** *Give them this, not that.*
> ***Ceci* me rend heureux, je fais un voyage.** *This makes me happy, I'm taking a trip.*
> **Je fais un voyage, *cela* me rend heureux.** *I'm taking a trip, that makes me happy.*

NOTE: 1. The form *ça* often replaces *cela* in spoken French.
2. *Ceci* refers to the object near the speaker, *cela* to the object away from the speaker.

Elle touche sa montre et regarde son horloge et dit: "Ceci avance et cela retarde."
She touches her watch and looks at her clock and says: "This is fast and that is slow."

EXERCISE I   **Le commérage.** Exprimez ce que chaque personne dit en utilisant ceci ou cela.

1. Je te jure que _____ est vrai. Anne sort avec Réginald. _____ te surprend?
2. Marie est absente parce qu'elle est partie en vacances. _____ ne fait rien.
3. Thomas a reçu A dans son cours de chimie. _____ est impossible.
4. _____ va te choquer. Claude a rompu avec Marie.
5. Aller à l'école a _____ de bon, on se fait de bons amis.
6. _____ est vraiment intéressant. Jean-Claude a eu une dispute avec M. Roland. _____ est incroyable.

EXERCISE J   **Les personnes célèbres.** Travaillez avec un camarade de classe. Faites une liste de six personnes célèbres, de leurs accomplissements et de vos opinions.

EXAMPLE: **Neil Armstrong est un astronaute qui a voyagé à la lune. Je trouve qu'il a beaucoup de courage.**

_____
_____
_____
_____
_____

EXERCISE K   **La famille.** Écrivez une lettre à un(e) ami(e) où vous parlez des membres de votre famille et de leurs préférences.

_____
_____
_____
_____

CHAPTER 9
Prepositions

Prepositions relate two elements of a sentence (noun to noun; verb to noun, pronoun, or another verb). The most frequently used prepositions in French are *à* and *de*.

1. Common Prepositions and Prepositional Phrases

à* *at, in, to*
afin de *in order to, to*
après *after*
auprès de *next to, beside*
autour de *around*
au-dessous de *below, underneath*
au-dessus de *above*
avant (de) *before*
avec *with*
chez (+ person) *to, at (the house/place of a person)*
contre *against*
d'après *according to*
dans *in, into, within*
de* *about, from, of*
depuis *since*
derrière *behind*
dès *from*

devant *in front of*
en *at; by; in*
entre *between, among*
envers *toward*
jusqu'à *until*
loin de *far from*
par *by, through*
parmi *among*
pendant *during*
pour *for; to, in order to*
près de *near*
sans *without*
selon *according to*
sous *under*
sur *on, upon*
vers *toward*

Vas-tu *aux* matches?	*Are you going to the games?*
Elle sort *du* magasin.	*She leaves the store.*

EXERCISE A **L'emplacement.** Complétez chaque phrase avec la préposition qui indique l'emplacement de chaque chose.

EXAMPLE: J'ai mis mon porte-monnaie à l'intérieur de mon sac. Maintenant il est

_____ mon sac.

Maintenant il est **dans** mon sac.

1. J'ai mis un livre sur la table mais il est tombé. Maintenant il est _____ la table.

2. Je vais à la pâtisserie. Ça veut dire que je vais _____ le pâtissier.

---

* *à* contracts with *le* to become *au* and with *les* to become *aux*. *De* contracts with *le* to become *du* and with *les* to become *des*.

3. Le professeur assied les élèves par ordre alphabétique. Moi, Georges Ducasse, suis assis _____ Martine Caron.

4. À gauche il y a la banque. À droite il y a la poste. Au centre il y a la pharmacie. La pharmacie se trouve _____ la banque et la poste.

5. J'ai soif. Je vois une fontaine pas très loin. Je marche _____ elle.

6. J'ai envie d'aller au grand magasin. Je marche tout droit parce qu'il est juste _____ moi.

2. Prepositional Modifiers

A preposition + noun modifying another noun is equivalent to an adjective.

a. Nouns describing the source, nature, or content of an object are usually introduced by the preposition *de*. The preposition *en* is also used sometimes.

| une robe *de* coton | a cotton dress |
| un collier *en* argent | a silver necklace |

b. Generally *à* + noun is used to express use, function, purpose or a characteristic of an object or a person.

| une brosse *à* dents | a toothbrush |
| le garçon *aux* yeux bleus | the boy with (the) blue eyes |

c. The preposition *de* + noun is used to express possession or relationship.

| Minou est le chat *de* Marie. | Minou is Marie's cat. |

d. The preposition *à* + verb may be used to describe the purpose of a noun.

| une lampe *à* bronzer | a sun lamp |

e. A preposition + noun modifying a verb is equivalent to an adverb.

| Il travaille avec soin. | He works carefully. |

EXERCISE B Dans le tiroir. Exprimez ce qu'on a trouvé dans le tiroir.

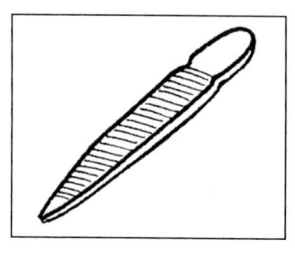

EXAMPLE: ongles   **une lime à ongles**

Prepositions   **91**

1. raser _____

2. or _____

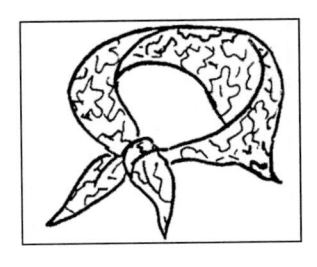

3. soie _____

4. paille _____

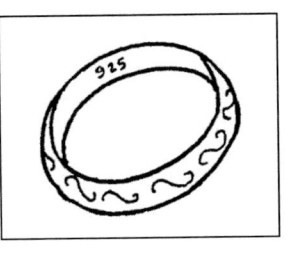

5. argent _____

6. poche _____

3. Prepositions Used Before an Infinitive

In French, the infinitive is the verb form that normally follows a preposition.

a. Some verbs require *à* before an infinitive.

aider à *to help*	**inciter à** *to incite to*
s'amuser à* *to have fun*	**inviter à** *to invite to*
apprendre à *to learn (teach) to*	**se mettre à*** *to begin to*
s'attendre à* *to expect to*	**obliger à** *to oblige to*
avoir à *to have to*	**passer (du temps) à** *to spend (time)*
chercher à *to try to*	**penser à** *to think about*
commencer à *to begin to*	**persister à** *to persist in*
consentir à *to consent to*	**se plaire à*** *to take pleasure in, enjoy*
consister à *to consist of*	**se préparer à*** *to prepare to*
continuer à *to continue to*	**renoncer à** *to give up*
se décider à* *to decide to*	**rester à** *to remain to*
demander à *to ask to*	**réussir à** *to succeed in*
encourager à *to encourage to*	**servir à** *to serve to*
enseigner à *to teach to*	**songer à** *to think about*
forcer à *to force to*	**suffire à** *to be enough to*
s'habituer à* *to get used to*	**tenir à** *to insist on*
hésiter à *to hesitate to*	**travailler à** *to work to*

Il l'invite *à danser*.   He invites her to dance.

b. Some verbs require *de* before an infinitive.

accepter de *to accept to*	**se garder de*** *to take care not to*
accuser de *to accuse of*	**mériter de** *to deserve to*
achever de *to finish*	**s'occuper de*** *to take care of*
s'arrêter de* *to stop*	**oublier de** *to forget to*
choisir de *to choose to*	**parler de** *to speak about*
se contenter de* *to be satisfied with*	**se passer de*** *to do without*
continuer de *to continue to*	**persuader de** *to persuade to*
décider de *to decide to*	**se plaindre de*** *to complain about*
se dépêcher de* *to hurry to*	**prier de** *to beg, ask to*
s'efforcer de* *to strive to*	**promettre de** *to promise to*
empêcher de *to prevent from*	**refuser de** *to refuse to*
essayer de *to try to*	**regretter de** *to regret to*
s'étonner de* *to be surprised at*	**remercier de** *to thank for*
éviter de *to avoid*	**rêver de** *to dream about*
féliciter de *to congratulate on*	**rire de** *to laugh at*
finir de *to finish*	**risquer de** *to risk*

---

* For more information on reflexive verbs, see Chapter 21.

se souvenir de* *to remember*	**se vanter de*** *to boast of*
tâcher de *to try to*	**venir de** *to have just*

Il rêve *de faire* le tour du monde.   *He dreams of traveling around the world.*

c. Verbs requiring the pattern *à quelqu'un* + *de* before the infinitive:

commander à quelqu'un de	*to order (someone) to (do something)*
conseiller à quelqu'un de	*to advise (someone) to (do something)*
défendre à quelqu'un de	*to forbid (someone) to (do something)*
demander à quelqu'un de	*to ask (someone) to (do something)*
dire à quelqu'un de	*to tell (someone) to (do something)*
écrire à quelqu'un de	*to write (to someone) to (do something)*
interdire à quelqu'un de	*to forbid (someone) to (do something)*
offrir à quelqu'un de	*to offer (someone) to (do something)*
ordonner à quelqu'un de	*to order (someone) to (do something)*
permettre à quelqu'un de	*to allow (someone) to (do something)*
promettre à quelqu'un de	*to promise (someone) to (do something)*
proposer à quelqu'un de	*to propose (to someone) to (do something)*
recommander à quelqu'un de	*to recommend (to someone) to (do something)*
reprocher à quelqu'un de	*to reproach (someone) for (doing something)*
suggérer à quelqu'un de	*to suggest (to someone) to (do something)*
téléphoner à quelqu'un de	*to telephone (someone) to (do something)*

Je *propose* à mes amis *d'aller* au ballet.   *I propose to my friends that we go to the ballet.*

Elle *dit* à son amie *de* lui *téléphoner* plus tard.   *She tells her friend to call her later.*

d. Verbs requiring *à quelqu'un* + *à* before an infinitive:

enseigner à quelqu'un à	*to teach (someone) to (do something)*
apprendre à quelqu'un à	*to teach (someone) to (do something)*

Elle *apprend* à son enfant *à nager*.   *She teaches her child to swim.*

e. Some prepositions are commonly followed by an infinitive.

afin de *in order to*	**pour** *in order to, for the purpose of*
au lieu de *instead of*	**sans** *without*
avant de *before*	

Elle sort *sans fermer* les fenêtres.   *She leaves without shutting the windows.*

> **NOTE:** 1. The preposition *après* (after) is followed by the past infinitive (*avoir* or *être* plus a past participle).

94 Chapter 9

> *Après avoir mangé,* ils sont sortis.   *After having eaten, they went out.*
>
> *Après être rentrées,* elles se sont reposées.   *After having returned home, they rested.*

2. After verbs of motion, *pour* is generally omitted.

   Je suis monté regarder la télévision.   *I went upstairs to watch television.*

3. *Par* may follow *commencer* and *finir* in certain idiomatic expressions.

   Nous *avons commencé par* **chanter.**   *We began (by) singing.*
   Il *a fini par* **tomber.**   *He ended up (by) falling.*

f. Some verbs are followed by an infinitive without a preposition.

aimer *to like, love*	**laisser** *to let, allow*
aimer mieux *to prefer*	**oser** *to dare*
aller *to go*	**penser** *to intend*
compter *to intend*	**pouvoir** *to be able*
désirer *to wish, want*	**préférer** *to prefer*
détester *to hate*	**prétendre** *to claim*
devoir *to have to*	**savoir** *to know how to*
entendre *to hear*	**souhaiter** *to wish*
envoyer *to send*	**valoir mieux** *to be better*
espérer *to hope*	**venir** *to come*
faillir *to almost do, just miss doing*	**voir** *to see*
faire *to make*	**vouloir** *to wish, want*
falloir *to be necessary*	

Elles *savent jouer* **de la guitare.**   *They know how to play the guitar.*
Il ne *veut* **pas en** *manger.*   *He doesn't want to eat any of it.*
Préfères-tu rester **à la maison?**   *Do you prefer to stay home?*

4. Nouns and Adjectives Followed by Prepositions

Most nouns and adjectives are followed by *de* before an infinitive.

C'est une bonne idée *d'apprendre* **le** *français.*   *It's a good idea to learn French.*
Il est triste *de* **s'en** *aller.*   *He is sad to go away.*

NOTE: 1. Certain adjectives and nouns may be followed by *à* before an infinitive that implies a passive meaning.

> **Cette recette est facile** *à préparer.*   *This recipe is easy to prepare.*
> **Ce jeu est difficile** *à comprendre.*   *This game is difficult to understand.*

2. The adjective *prêt* (ready) is followed by *à*.

   Elle est *prête à* parler.   *She is ready to speak.*

EXERCISE C **Le redoublement.** Charles n'a pas fait ses études l'année passée et maintenant il doit redoubler. Complétez chaque phrase avec une préposition, si nécessaire, pour exprimer ce qu'il fera pour avoir du succès cette fois-ci.

1. Il promettra _____ faire ses devoirs.
2. Il apprendra _____ ses parents _____ l'aider.
3. Il devra _____ étudier un peu chaque jour.
4. Il acceptera _____ travailler plus dur.
5. Il tiendra _____ réussir.
6. Il ira _____ faire son travail à la bibliothèque.
7. Il s'habituera _____ ne pas trop regarder la télévision.
8. Il voudra _____ ne pas rater ses cours.
9. Il ne se contentera pas _____ recevoir de mauvaises notes.
10. Il persistera _____ faire de son mieux.
11. Il n'osera pas _____ être paresseux.
12. Il s'efforcera _____ ne pas être absent.
13. Il s'arrêtera _____ parler longtemps au téléphone.
14. Il commencera _____ être plus travailleur.
15. Il se mettra _____ écouter plus attentivement en classe.
16. Il conseillera _____ ses amis _____ faire leur travail scolaire sérieusement.

5. Prepositions with Geographical Expressions

The prepositions *à* (in, to), *en* (in, to) and *de* (d') (from) show location.

LOCATION	IN	TO	FROM
Cities	à	à	de (d')
Feminine countries, continents, provinces, and islands and masculine countries that begin with a vowel	en	en	de (d')
All other masculine countries	au	au	du
All plurals	aux	aux	des

NOTE:

1. Geographical names are feminine if they end in *-e* with the exception of *le Mexique*, *le Cambodge* (Cambodia), and *le Zaïre*.

2. The definite article is used with all masculine countries except *Israël* and *Haïti*.

3. *Dans* (to, in) is used with modified geographical names.

dans **la belle France**	*in (to) beautiful France*
dans **le Dakota du Nord**	*in (to) North Dakota*
dans **l'état de New York**	*in (to) New York State*

4. Before modified geographical names in which the modifier is an integral part of the name, "in" or "to" is expressed by *en* without the article, and "from" is expressed by *de* without the article.

en **Afrique du Sud**	*in South Africa*
d' **Amérique du Nord**	*from North America*

5. A few cities always have a definite article in French, since the article is part of the name.

Le Havre	*Havre*	**La Nouvelle-Orléans**	*New Orleans*
au Havre	*to (in) Havre*	**à La Nouvelle-Orléans**	*to (in) New Orleans*
du Havre	*from Havre*	**de La Nouvelle-Orléans**	*from New Orleans*

6. Feminine Countries, Continents, Provinces.

l'Algérie	*Algeria*	**la Grèce**	*Greece*
l'Allemagne	*Germany*	**la Hongrie**	*Hungary*
l'Angleterre	*England*	**l'Inde**	*India*
l'Autriche	*Austria*	**l'Irlande**	*Ireland*
la Belgique	*Belgium*	**l'Italie**	*Italy*
la Chine	*China*	**la Norvège**	*Norway*
la Côte-d'Ivoire	*Ivory Coast*	**la Pologne**	*Poland*
l'Écosse	*Scotland*	**la Roumanie**	*Romania*
l'Égypte	*Egypt*	**la Russie**	*Russia*
l'Espagne	*Spain*	**la Suède**	*Sweden*
la France	*France*	**la Suisse**	*Switzerland*
la Grande-Bretagne	*Great Britain*	**la Turquie**	*Turkey*

l'Afrique	*Africa*	**l'Asie**	*Asia*
l'Amérique du Nord	*North America*	**l'Australie**	*Australia*
l'Amérique du Sud	*South America*	**l'Europe**	*Europe*

l'Alsace	*Alsace*	**la Bretagne**	*Brittany*
la Bourgogne	*Burgundy*	**la Champagne**	*Champagne*

la **Corse** Corsica
la **Flandre** Flanders
la **Lorraine** Lorraine
la **Normandie** Normandy
la **Provence** Provence

7. Masculine Countries

l'**Afghanistan** Afghanistan
le **Brésil** Brazil
le **Canada** Canada
le **Cambodge** Cambodia
le **Chili** Chile
le **Danemark** Denmark
l'**Équateur** Ecuador
les **États-Unis** the United States
Haïti Haiti
l'**Irak** Iraq
l'**Iran** Iran

Israël Israel
le **Japon** Japan
le **Koweït** Kuwait
le **Liban** Lebanon
le **Maroc** Morocco
le **Mexique** Mexico
le **Niger** Niger
les **Pays-Bas** the Netherlands, Holland
le **Pérou** Peru
le **Portugal** Portugal
le **Zaïre** Zaire

l'**Antarctique** Antarctica

8. Mountains and waterways follow the rules for countries; they are usually feminine if they end in -e.

les **Alpes** (f.) the Alps
le **Jura** the Jura Mountains
les **Pyrénées** (f.) the Pyrenees
les **Vosges** (f.) the Vosges
la **Manche** the English Channel
la **mer Méditerranée** the Mediterranean Sea

la **Loire** the Loire
le **Rhin** the Rhine
la **Seine** the Seine
le **Rhône** the Rhone
la **Garonne** the Garonne

EXERCISE D Le va et vient. Exprimez d'où viennent ces personnes et ensuite où elles vont.

EXAMPLE: Il/(Suisse/Russie)   Il vient **de Suisse** et il va **en Russie**.

1. je/(Côte-d'Ivoire/Haïti) _____

2. elle/(Portugal/Pays-Bas) _____

3. nous/(Le Havre/La Nouvelle-Orléans) _____

4. ils/(Amérique du Sud/Afrique du Nord) _____

5. tu/(États-Unis/Mexique) _____

6. vous(Chicago/Grenoble) _____

6. Expressions Introduced by *à*

a. Mode of Travel

à bicyclette *on, by bicycle*
à cheval *on horseback*
à pied *on foot*

b. Time

à bientôt *see you soon, so long*
à ce soir *see you tonight*
à demain *see you tomorrow*
à samedi *see you Saturday*
à l'heure *on time*
à tout à l'heure *see you later*
au revoir *good-bye, see you again*

c. Position and Direction

à côté (de) *next to, beside*
à droite (de) *on (to) the right (of)*
à gauche (de) *on (to) the left (of)*
à part *aside*
à travers *through, across*
au bas (de) *at the bottom (of)*
au bout (de) *at the end (of), (after)*
au fond (de) *in (at) the bottom (of)*
au haut (de) *in (at) the top (of)*
au loin (de) *in the distance*
au milieu (de) *in the middle (of)*

d. With Characteristics (with)

aux yeux noirs *with black eyes*
aux cheveux longs *with long hair*

e. Other Expressions

à cause de *because of*
à demi/à moitié *half, halfway*
à force de *by, by means of, by repeated efforts*
à l'école *in (to) school*
à l'étranger *abroad*
à la campagne *in (to) the country*
à la maison *at home, home*
à la mode *in style*
à mon avis *in my opinion*
à peu près *nearly, about, approximately*
à propos de/au sujet de *about, concerning*
à quoi bon? *what's the use (of)?*
à voix basse *in a low voice*
à voix haute, à haute voix *aloud, in a loud voice, out loud*
à vrai dire *to tell the truth*
au contraire *on the contrary*
au courant de *informed about, familiar with*
au lieu de *instead of*
au moins *at least*

7. Expressions Introduced by *de*, *en*, and *par*

d'abord *first, at first*
d'accord *agreed, O.K.*
d'ailleurs *besides, moreover*
de bonne heure *early*
de l'autre côté (de) *on the other side (of)*
de la part de *on behalf of, from*
de mon côté *for my part, as for me*
de quelle couleur...? *what color...?*
de rien, pas de quoi. *You're welcome. Don't mention it.*
de temps en temps *from time to time*
du côté de *in the direction of, near, around*
en (when one is inside the means of transportation) *by*
en (with the name of a language) *in*
en bas *downstairs*
en bas de *at the bottom of*
en face (de) *opposite*
en fait *in fact, as a matter of fact*
en famille *as a family, within the family*
en haut *upstairs*
en haut de *at the top of*
en plein air *in the open air, outdoors*
en retard *late, not on time*
en tout cas *in any case, at any rate*
en ville *downtown, in (to, into) town*
en voiture *by car*
par exemple *for example*
par hasard *by chance*
par ici *this way, in this direction*
par jour (semaine, mois, etc.) *a/per day (week, month, etc.)*
par là *that way, in that direction*

EXERCISE E **Les phrases incomplètes.** Complétez les phrases de chaque personne en employant une expression qui convient.

1. Ma sœur a les yeux couleur du ciel. C'est une fille _____.

2. Arthur marche à l'école. Il y va _____.

3. Pierre a fini cinquante pour cent de son travail. Il est _____ fini.

4. Le frère de Julien s'exprime très mal tandis que Julien s'exprime d'une façon très éloquente. Alors, Julien a l'habitude de parler _____ son frère.

5. Claudine est nulle en maths. Elle se dit, " _____ étudier? Je raterai quand même le cours."

6. Christian fait du camping. Il ne dort pas sous une tente. Il dort _____.

7. Régine travaille de lundi à vendredi. Elle travaille cinq jours _____.

8. Tous les Duchamp vont au restaurant ensemble. Ils mangent _____.

9. Patrice aime les films de guerre mais _____ je préfère ceux de science-fiction.

10. Mariane est très paresseuse. _____ de faire ses devoirs elle regarde la télévision.

EXERCISE F **La renommée.** Travaillez avec un camarade de classe. Faites une liste de six choses renommées qu'on peut voir dans des pays différents.

_____
_____
_____
_____
_____
_____

EXERCISE G **Mon quartier.** Écrivez un paragraphe où vous décrivez votre quartier.

_____
_____
_____
_____
_____
_____

CHAPTER 10
Possession

1. Expressing Possession

a. The preposition *de* (*d'*) expresses possession and relationship in French and is the equivalent of the English *'s* or *s'* (of). *De* must be repeated before each noun. *De* contracts with *le* to become *du* and with *les* to become *des*.

Donnez-moi le cahier *de* Lucien.	*Give me Lucien's notebook.*
On cherche le chien *du* garçon.	*We're looking for the boy's dog.*
Où est le rayon *des* vêtements pour femmes?	*Where's the woman's clothing department?*

EXERCISE A   **M. Dutronc arrive en France.** Exprimez ce que M. Dutronc fait dès qu'il arrive en France.

EXAMPLE: regarder une carte/pays   Il regarde une carte **du** pays.

1. chercher le bureau de change/aéroport _____
2. regarder l'horaire/trains _____
3. parler au concierge/hôtel _____
4. prendre un plan/quartier _____
5. manger dans le café/ville _____
6. s'arrêter devant l'entrée/cinéma _____

b. The idiom *être à* (to belong to) also expresses possession. *À* must be repeated before each noun. *À* contracts with *le* to become *au* and with *les* to become *aux*.

Ce blouson *est à* lui.	*This jacket belongs to him.*
Ce vélo est *à la* fille.	*This bicycle belongs to the girl.*
Ces guides *sont aux* touristes.	*These guides belong to the tourists.*

EXERCISE B   **Les jouets.** Exprimez à qui appartiennent les jouets.

EXAMPLE: elle   **L'ours en peluche est à elle.**

101

102   Chapter 10

1. il

2. je

3. ils

4. tu

5. nous

6. vous

2. Possessive Adjectives

SINGULAR		PLURAL	MEANING
MASCULINE	FEMININE		
mon	ma	mes	*my*
ton	ta	tes	*your* (familiar)
son	sa	ses	*his, her, its*
notre	notre	nos	*our*
votre	votre	vos	*your* (formal or plural)
leur	leur	leurs	*their*

NOTE:
1. Possessive adjectives, like other adjectives, agree in number and gender with the nouns they modify. They are repeated before each noun.

   As-tu *mes* clefs? — *Do you have my keys?*
   Il travaille avec *sa* sœur et *son* frère. — *He works with his brother and sister.*

2. The forms *mon, ton,* and *son* are used instead of *ma, ta,* and *sa* before a feminine singular noun beginning with a vowel or silent *h*.

   Gisèle est *mon* amie. — *Gisèle is my friend.*
   J'adore *ton* appartement. — *I love your apartment.*
   Il a préparé *son* omelette. — *He prepared his omelet.*

3. With parts of the body, the possessive adjective is usually replaced by the definite article if the possessor is clear.

   Elle baisse *la* tête. — *She lowers her head.*
   Il se brosse *les* cheveux. — *He brushes his hair.*

4. To clarify or emphasize the possessor, *à* + stress pronoun is used.

   Il a laissé tomber son portefeuille *à lui*. — *He dropped his wallet.*
   Où sont leurs parents *à eux*? — *Where are their parents?*

3. Possessive Pronouns

SINGULAR		PLURAL		MEANING
MASCULINE	FEMININE	MASCULINE	FEMININE	
le mien	la mienne	les miens	les miennes	*mine*
le tien	la tienne	les tiens	les tiennes	*your*
le sien	la sienne	les siens	les siennes	*his/hers*
le nôtre	la nôtre	les nôtres	les nôtres	*our*
le vôtre	la vôtre	les vôtres	les vôtres	*your*
le leur	la leur	les leurs	les leurs	*their*

NOTE: 1. A possessive pronoun replaces a possessive adjective + noun. The pronoun agrees with the noun it replaces.

Voici mes devoirs. Où sont *les tiens*?	*Here is my homework. Where is yours?*
Ma composition est plus longue que *la sienne*.	*My composition is longer than his (hers).*

2. The definite article, a regular part of the possessive pronoun, contracts with the prepositions *à* and *de* in the usual way.

Le professeur parle à tes parents et *aux* miens.	*The teacher speaks to your parents and to mine.*
Il parle de ton comportement et *du* mien.	*He speaks about your behavior and mine.*

3. The possessive pronoun is used after forms of *être* to express distinction.

Ces livres sont *les nôtres*, pas *les vôtres*.   *These books are ours, not yours.*

4. Note these French expressions of relationship.

une de *mes* amies	*one of my friends, a friend of mine*
un de *ses* frères	*one of his/her brothers, a brother of his/hers*
un de *leurs* enfants	*one of their children, a child of theirs*

EXERCISE C   Aux noces. Exprimez ce qui se passe aux noces de Bertrand et d'Élise Latour en complétant chaque phrase avec l'adjectif ou le pronom possessif qui convient.

EXAMPLE: Je parle à _____ amis et vous parlez _____.

Je parle à **mes** amis et vous parlez aux **vôtres**.

1. Je te présente à _____ cousine et tu me présentes _____.

2. Yves parle de _____ projets et Olivier et Frédéric parlent _____.

3. Tu cherches _____ place et je cherche _____.

4. Nathalie donne _____ cadeau à Jules et Lise lui donne _____.

5. Vous montrez _____ photos et nous montrons _____.

6. Barbara ressemble à _____ parents et Lucie ressemble _____.

7. Nous mangeons _____ dîner et vous mangez _____.

8. Liliane reçoit un coup de téléphone de _____ père et Gilbert en reçoit deux _____.

EXERCISE D   **Mes possessions.** Travaillez avec un camarade de classe. Faites une liste de six choses que vous possédez et comparez-les à celles de votre camarade de classe.

EXAMPLE: J'ai une chaîne stéréo. **La mienne** est grande. **La tienne** est grande aussi.

_____

_____

_____

_____

_____

_____

EXERCISE E   **Ma famille.** Écrivez une lettre à votre correspondant(e) français(e) où vous décrivez les membres de votre famille et où vous lui posez des questions sur la sienne.

_____

_____

_____

_____

_____

_____

CHAPTER 11
Adjectives and Adverbs

1. Adjectives

An adjective is a word that describes a noun or pronoun. French adjectives agree in gender (masculine or feminine) and in number (singular or plural) with the nouns or pronouns they modify.

a. Gender of Adjectives

1. Most adjectives, including those ending in *–é*, form the feminine by adding *e* to the masculine.

MASCULINE	FEMININE	
court	courte	*short*
brun	brune	*brown*
bleu	bleue	*blue*
joli	jolie	*pretty*
fatigué	fatiguée	*tired*

2. Adjectives ending in silent *–e* do not change in the feminine.

Le français est *facile*.	*French is easy.*
La biologie est *facile*.	*Biology is easy.*

3. Adjectives ending in *–x* form the feminine by changing *–x* to *–se*.

Le poulet est délicieux.	*The chicken is delicious.*
La viande est délicieuse.	*The meat is delicious.*

4. Adjectives ending in *–f* form the feminine by changing *–f* to *–ve*.

Alain est sportif.	*Allen is athletic.*
Annette est sportive.	*Annette is athletic.*

5. Adjectives ending in *–er* form the feminine by changing *–er* to *–ère*.

Le miroir est léger.	*The mirror is light.*
La table est légère.	*The table is light.*

6. Some adjectives double the final consonant before adding *–e* in the feminine.

MASCULINE	FEMININE	
ancien	ancienne	*old, ancient, former*
bas	basse	*low*
bon	bonne	*good*
cruel	cruelle	*cruel*
européen	européenne	*European*

gentil	gentil*le*	*nice, kind*
gros	gros*se*	*fat*
sot	sot*te*	*foolish, silly*

7. Some adjectives have irregular feminine forms.

MASCULINE	FEMININE	
blanc	blanche	*white*
complet	complète	*complete*
doux	douce	*sweet, mild, gentle*
faux	fausse	*false*
favori	favorite	*favorite*
frais	fraîche	*fresh, cool*
franc	franche	*frank*
inquiet	inquiète	*worried, uneasy*
long	longue	*long*
public	publique	*public*
sec	sèche	*dry*
secret	secrète	*secret*
travailleur	travailleuse	*hardworking, industrious*
beau (bel)	belle	*beautiful*
fou (fol)	folle	*mad, crazy*
mou (mol)	molle	*soft*
nouveau (nouvel)	nouvelle	*new*
vieux (vieil)	vieille	*old*

NOTE: The adjectives *beau, fou, mou, nouveau,* and *vieux* change to *bel, fol, mol, nouvel,* and *vieil,* respectively, before a masculine singular noun beginning with a vowel or silent *h*.

un *bel* appartement	*a beautiful apartment*
un *fol* espoir	*a crazy hope*
un *mol* oreiller	*a soft pillow*
un *nouvel* hôtel	*a new hotel*
un *vieil* immeuble	*an old apartment building*

EXERCISE A **Les descriptions.** Décrivez Janine en complétant la phrase avec la form correct de l'adjectif qui convient.

blanc	favori	sec
doux	franc	secret
européen	généreux	sportif
faux	public	vieux

1. Janine a soif. Elle a la gorge ——————.

2. Elle cache ses sentiments intimes parce qu'elle mène une vie _____.

3. Elle dit toujours ce qu'elle pense parce qu'elle est vraiment _____.

4. Elle est toujours très pâle. Sa figure est vraiment _____.

5. Elle ne crie jamais. Elle a une voix _____.

6. Elle porte toujours la couleur rouge parce que c'est sa couleur _____.

7. Elle fait toujours du sport. Elle est _____.

8. Elle chante très bien, sans une _____ note.

9. Elle est née en Europe. Elle est _____.

10. Elle donne beaucoup aux pauvres parce qu'elle est _____.

11. Elle va recevoir une bourse à l'université. Son père a fait une annonce _____ dans le journal de la ville.

12. Elle a un ami depuis longtemps. C'est un _____ ami.

b. Plural of Adjectives

1. The plural of most adjectives is formed by adding –s to the singular whether masculine or feminine.

MASCULINE		FEMININE		MEANING
SINGULAR	PLURAL	SINGULAR	PLURAL	
bleu	bleus	bleue	bleues	blue
âgé	âgés	âgée	âgées	old
impoli	impolis	impolie	impolies	impolite
petit	petits	petite	petites	small
bon	bons	bonne	bonnes	good
attentif	attentifs	attentive	attentives	attentive
cher	chers	chère	chères	expensive, dear
ancien	anciens	ancienne	anciennes	old, former
favori	favoris	favorite	favorites	favorite

2. Adjectives ending in –s or –x do not change in the masculine plural.

Ce poisson est frais. *This fish is fresh.*
Ces poissons sont *frais*. *These fish are fresh.*

Cet homme est sérieux. *That man is serious.*
Ces hommes sont *sérieux*. *Those men are serious.*

Adjectives and Adverbs   109

3. Most adjectives ending in *–al* change *–al* to *–aux* in the masculine plural.

   Ce poème est spécial.   *This poem is special.*
   Ces poèmes sont spéci*aux*.   *These poems are special.*

4. The singular masculine adjective *tout* is irregular and becomes *tous* in the masculine plural.

   ***Tous* les garçons jouent dans le jardin.**   *All the boys are playing in the backyard.*

5. Both masculine forms of *beau* (*bel*), *fou* (*fol*), *mou* (*mol*), *nouveau* (*nouvel*), and *vieux* (*vieil*) have the same plural forms.

SINGULAR	PLURAL
un nouvel ouvrage *a new work*	**de nouveaux ouvrages** *new works*
un nouveau dessin *a new design*	**de nouveaux dessins** *new designs*

   NOTE: 1. When an adjective precedes a plural noun, *des* becomes *de*.

   de longues histoires   *long stories*

   2. An adjective modifying two or more nouns of different genders is masculine plural.

   L'appartement et la maison sont *vieux*.   *The apartment and the house are old.*

EXERCISE B   **Au restaurant.**   Décrivez le restaurant en donnant la forme correcte de l'adjectif.

1. (*nouveau*)   La carte est _____ et les plats sont _____.

2. (*mou*)   Les pêches sont _____ et les melons sont _____.

3. (*vieux*)   La patronne est _____ et les clients sont _____.

4. (*frais*)   La viande est _____ et les légumes sont _____.

5. (*délicieux*)   La mousse est _____ et les autres desserts sont _____.

6. (*bas*)   Les prix sont _____ et la musique est _____.

7. (*poli*)   Le patron est _____ et les serveuses sont _____.

8. (*long*)   Les rideaux sont _____ et les tables sont _____.

9. (*spécial*)   Les hors-d'œuvre sont _____ et les soupes sont _____.

10. (*créatif*)   Les chefs sont _____ et les pâtissières sont _____.

c. Position of Adjectives

1. Descriptive adjectives normally follow the noun they modify.

   un code secret   *a secret code*

2. Some short descriptive adjectives usually precede the noun.

beau *beautiful*	**jeune/vieux** *young/old*
bon/mauvais *good/bad*	**joli** *pretty*
court/long *short/long*	**nouveau** *new*
gentil/vilain *nice/nasty*	**petit/grand** *small/big*
gros *fat*	

   un mauvais rêve   *a bad dream*

3. Some other common adjectives that precede the noun.

autre *other*	**premier** *first*
chaque *each*	**quelques** (m./f. pl.) *a few*
dernier *last*	**tel** *such*
plusieurs (m./f. pl.) *several*	**tout** *all, whole, every*

   le premier chapitre   *the first chapter*

4. The adjective *tout* (all, whole, every) precedes both the noun and the definite article.

tout le monde *everybody*	**tous les gens** *every person*
toute la classe *the whole class*	**toutes les femmes** *every woman*

5. When more than one adjective describes a noun, each adjective is placed in its normal position. Two adjectives in the same position are joined by *et*.

un vieil artiste célèbre	*an old, famous artist*
une femme intéressante et charmante	*an interesting and charming woman*
une jeune et jolie maîtresse	*a young and pretty teacher*

   NOTE: Some adjectives have different meanings, depending on their position. In normal position after the noun, the meaning tends to be literal. Before the noun, the meaning changes:

une coutume ancienne	*an old (ancient) custom*
une ancienne coutume	*a former custom*
un homme brave	*a brave man*
un brave homme	*a good man*
une maison chère	*an expensive house*
une chère amie	*a dear friend*
l'année dernière	*last year (just passed)*
la dernière année	*the last year (of a series)*

Adjectives and Adverbs 111

une femme honnête	*an honest woman*
une honnête femme	*a virtuous woman*
une fille méchante	*a nasty (wicked) girl*
une méchante fille	*a bad (naughty) girl*
la chose même	*the very thing*
la même chose	*the same thing*
les gens pauvres	*the poor people (without money)*
les pauvres gens	*the unfortunate people*
mes chaussures propres	*my clean shoes*
mes propres chaussures	*my own shoes*
un chien sale	*a dirty dog*
un sale chien	*a nasty dog*
une femme seule	*a woman alone (by herself)*
une seule femme	*one woman only*
une histoire triste	*a sad (unhappy) story*
une triste histoire	*a sad (wretched, sorry) story*

EXERCISE C **Mon fiancé.** En employant les adjectifs entre parenthèses, exprimez ce que le fiancé de Micheline a fait pour elle.

EXAMPLE: (intéressant/court) Il m'a raconté une histoire.
　　　　　Il m'a raconté **une courte histoire intéressante.**

1. (blanc/nouveau) 　Il m'a donné une voiture.

   _____

2. (grand/romantique) 　Il m'a proposé un voyage.

   _____

3. (sérieux/long) 　Il m'a écrit une lettre.

   _____

4. (joli/court) 　Il m'a lu un poème.

   _____

5. (petit/beau) 　Il m'a offert une bague.

   _____

6. (élégant/coûteux) 　Il m'a envoyé des cadeaux.

   _____

7. (cher/délicieux)   Il m'a préparé un dîner.

   _____

8. (spécial/généreux) Il m'a parlé de ses amis.

   _____

2. Adverbs

An adverb is a word that modifies a verb, an adjective, or another adverb.

Tu parles *doucement*.   *You speak softly.*
Ce livre est *très comique*.   *That book is very funny.*
Elle conduit *assez lentement*. *She drives rather slowly.*

a. Formation of Adverbs

Most French adverbs are formed by adding *–ment* to adjectives while most English adverbs are formed by adding *–ly* to adjectives.

1. When a masculine singular adjective ends in a vowel, *-ment* is added to the masculine singular form.

   faible *weak*   **faiblement** *weakly*
   vrai *true*   **vraiment** *truly*

2. When a masculine singular adjective ends in a consonant, *-ment* is added to the feminine singular form.

ADJECTIVE			ADVERB	
MASCULINE	FEMININE			
seul	seule	only	seulement	only
heureux	heureuse	happy, fortunate	heureusement	fortunately
exclusif	exclusive	exclusive	exclusivement	exclusively
fier	fière	proud	fièrement	proudly
tel	telle	such	tellement	so
secret	secrète	secret	secrètement	secretly
doux	douce	soft, gentle	doucement	softly, gently
faux	fausse	false	faussement	falsely
franc	franche	frank	franchement	frankly

   Note the irregular adverb (adjective *gentil*): *gentiment*, nicely, kindly.

3. A few adjectives change the feminine silent *e* ending to *é* before adding *–ment*.

ADJECTIVE		ADVERB	
aveugle	blind	**aveuglément**	blindly
énorme	enormous	**énormément**	enormously
précis	precise	**précisément**	precisely
profond	profound	**profondément**	profoundly

4. Adjectives ending in *–ant* and *–ent* have adverbs ending in *–amment* and *–emment*.

ADJECTIVE		ADVERB	
constant	constant	**constamment**	constantly
courant	current	**couramment**	fluently
différent	different	**différemment**	differently
évident	evident	**évidemment**	evidently
récent	recent	**récemment**	recently

Exception:

lent *slow*   **lentement** *slowly*

5. A few adjectives are used adverbially in the masculine singular in certain fixed expressions.

bas	parler bas	*to speak low*
fort/haut	parler fort/haut	*to speak loudly*
cher	payer/coûter cher	*to pay (for) dearly/ to be expensive*
net/court	s'arrêter net/court	*to stop short*
droit	aller droit	*to go straight ahead*
dur	travailler dur	*to work hard*

6. The expressions *d'une façon* or *d'une manière* are often used with a modifying adjective in place of an adverb or where no adverb exists.

Elle s'habille *d'une façon élégante*.   *She dresses elegantly.*
Ils agissent *d'une manière étrange*.   *They act strangely.*

7. Some adverbs have forms distinct from the adjective forms.

ADJECTIVE		ADVERB	
bon	good	**bien**	well
mauvais	bad	**mal**	badly
meilleur	better	**mieux**	better
moindre	less	**moins**	less
petit	little	**peu**	little

Son *petit* frère parle très *peu* le français.   *Her little brother speaks very little French.*

EXERCISE D   **M. Maupin.** Exprimez comment M. Maupin fait telle ou telle chose en donnant la forme correcte de l'adverbe.

EXAMPLE: Il est attentif. Il écoute ⸺. Il écoute **attentivement.**

1. Il est doux. Il chante ⸺.

2. Il est franc. Il répond ⸺.

3. Il est différent. Il agit _____.

4. Il est lent. Il court _____.

5. Il est bon. Il danse _____.

6. Il est petit. Il demande _____.

7. Il est fier. Il parle _____.

8. Il est précis. Il travaille _____.

9. Il est sérieux. Il s'explique _____.

10. Il est sincère. Il fait des compliments _____.

11. Il est mauvais. Il comprend _____.

12. Il est impulsif. Il réagit _____.

8. Other common adverbs and adverbial expressions include the following.

à droite (gauche) *to the right (left)*	**davantage** *more*
à jamais *forever*	**de bon cœur** *willingly*
à l'heure *on time*	**de bonne heure** *early*
à la fois *at the same time*	**de nouveau** *again*
à peine *hardly, scarcely*	**de rigueur** *obligatory, required* (socially)
à présent *now, at present*	**de temps en temps** *from time to time*
à temps *in time*	**dedans** *inside*
ailleurs *elsewhere*	**dehors** *outside*
ainsi *thus, so*	**déjà** *already*
alors *then*	**demain** *tomorrow*
après *afterward*	**du moins** *at least, in any case*
assez *enough, quite*	**en général** *generally*
aujourd'hui *today*	**en retard** *late*
auparavant *before*	**encore** *still, yet, again*
aussi *also, too*	**enfin** *at last*
aussitôt *immediately*	**ensemble** *together*
autant *as much*	**ensuite** *then*
autrefois *formerly*	**environ** *about*
beaucoup *much*	**exprès** *on purpose*
bientôt *soon*	**fort** *very*
cependant *meanwhile*	**hier** *yesterday*
comme *as*	**ici** *here*
d'ailleurs *besides*	**là** *there*
d'avance *in advance, beforehand*	**loin** *far*
d'habitude *generally, usually*	**longtemps** *a long time*
d'ordinaire *usually*	**maintenant** *now*

Adjectives and Adverbs 115

mal *badly*	**sans doute** *without a doubt*
même *even*	**si** *so*
moins *less*	**souvent** *often*
par conséquent *consequently*	**surtout** *especially*
par hasard *by chance*	**tant** *so much*
par jour (semaine, mois, etc.) *a (per) day (week, month, etc.)*	**tard** *late*
	tôt *soon, early*
parfois *sometimes*	**toujours** *always, still*
partout *everywhere*	**tout** *quite, entirely*
peut-être *perhaps, maybe*	**tout à coup** *suddenly*
plus *more*	**tout à fait** *entirely*
plutôt *rather*	**tout de suite** *immediately*
près *near*	**très** *very*
presque *almost*	**trop** *too much*
puis *then*	**vite** *quickly*
quelquefois *sometimes*	

EXERCISE E Une conversation amicale. Vous parlez à un ami. Complétez les phrases suivantes avec un adverbe de la liste.

davantage	de rigueur	par conséquent
de bon cœur	de temps en temps	tout à fait
de nouveau	exprès	

1. Tu as beaucoup étudié pour ton examen, _____ tu as reçu la note la plus élevée.

2. Tu aimes aider les autres. Quand tu fais les courses pour Mme Vernon, tu les fais _____.

3. Il est évident que tu aimes la viande. Veux-tu _____ ?

4. Ce restaurant est très chic. Un costume y est absolument _____.

5. C'était un accident. Tu sais que Julien ne l'a pas fait _____.

6. Je ne t'ai pas compris. Peux-tu répéter _____ ce que tu as dit?

7. Il pleuvait et tu jouais dehors. Maintenant tu es _____ couvert de boue.

8. Tu ne sors pas tous les jours. Tu sors _____.

    b. Adverbs of Quantity

Certain adverbs expressing quantity are followed by *de*, without an article, when they precede a noun.

assez de *enough*	**peu de** *little, few*
autant de *as much, many*	**plus de** *more*
beaucoup de *much, many*	**tant de** *so much, many*

116 Chapter 11

    combien de *how much, how many*   **trop de** *too much, too many*
    moins de *less, fewer*

    Combien de **voitures a ta famille?**   *How many cars does your family have?*
    Il a reçu *beaucoup de* **cadeaux.**   *He received a lot of gifts.*

EXERCISE F   **Au régime.** Exprimez ce que Mme Franc prend.

EXAMPLE: manger assez
              Elle mange **assez de pain.**

1. choisir beaucoup

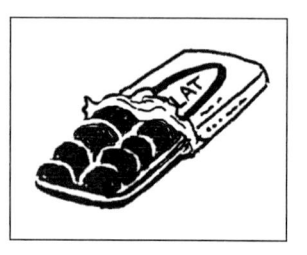

_____

2. se permettre peu

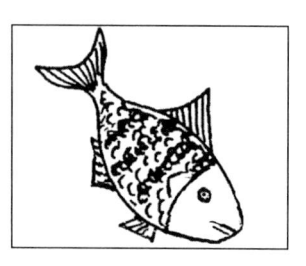

_____

3. prendre tant

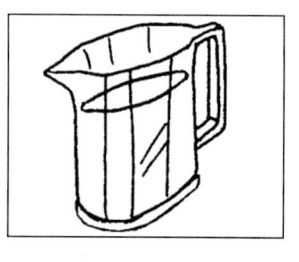

_____

4. boire trop

_____

Adjectives and Adverbs **117**

5. manger autant _____ que possible.

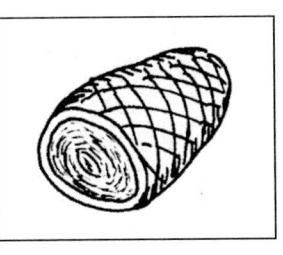

6. consommer assez _____

    c. Position of Adverbs

        1. When modifying a verb in a simple tense, an adverb is usually placed directly after the verb it modifies.

            Il parle français couramment.   *He speaks French fluently.*

        2. When modifying a verb in a compound tense (see Chapters 13 and 19), the adverb generally follows the past participle. However, a few common adverbs, such as *bien, mal, souvent, toujours, déjà, même,* and *encore,* as well as adverbs of quantity, usually precede the past participle.

            Elle a *travaillé rapidement*.   *She worked quickly.*
            Il n'a pas *encore* mangé.   *He hasn't eaten yet.*
            Nous avions *beaucoup* étudié.   *We had studied a lot.*

        3. When modifying an adjective or another adverb, the adverb usually precedes the word it modifies.

            Elle est *drôlement superstitieuse*.   *She is remarkably superstitious.*
            Il parle *très correctement*.   *He speaks very correctly.*

EXERCISE G   **Hier soir.** Exprimez ce qui est arrivé hier soir.

EXAMPLE: (mal) J'ai mangé.   J'ai **mal mangé.**

1. (bien) Il a dormi. _____

2. (peu) Ils ont mangé. _____

3. (beaucoup) Elle a lu. _____

4. (prudemment) Elles ont agi. _____

5. (mal) Vous avez compris les devoirs. _____

6. (dur) Nous avons travaillé. _____

7. (cher) J'ai payé mon billet de théâtre. _____

8. (court) Tu t'es arrêté afin d'éviter un accident. _____

EXERCISE H **Les sentiments.** Travaillez avec un camarade de classe. Discutez de vos sentiments au sujet du président des États-Unis et notez-les ci-dessous.

_____
_____
_____
_____
_____
_____

EXERCISE I **Une composition autobiographique.** Vous voulez être accepté par l'université de votre choix. Écrivez un paragraphe autobiographique où vous décrivez les bons traits de votre personnalité.

_____
_____
_____
_____
_____
_____

CHAPTER 12
Comparison

1. Comparison of Inequality

a. Adjectives are compared as follows.

POSITIVE

important (-e, -s, -es)   *important*

COMPARATIVE

plus important (-e, -s, -es) que   *more important*
moins important (-e, -s, -es) que   *less important*

SUPERLATIVE

le (la, les) plus important (-e, -s, -es) de   *the most important*
le (la, les) moins important (-e, -s, -es) de   *the least important*

Ce document est important.	*This document is important.*
Ce document est *plus* (*moins*) important *que* l'autre.	*This document is more (less) important than the other one.*
Ce document est *le plus* (*le moins*) important *de* tous.	*This document is the most (the least) important of all (of them).*

NOTE: 1. *Que* (than) introduces the second element in the comparative construction.

2. The second element of a comparison may be a noun, stress pronoun, an adjective, an adverb, or a clause.

Elle est plus jeune *que son amie*.	*She is younger than her friend.*
Nous sommes moins sportifs *qu'eux*.	*We are less athletic than they.*
Il est plus inquiet *que fâché*.	*He is more worried than angry.*
Elles ont mangé plus *que jamais*.	*They ate more than ever.*
C'est le meilleur plat *qu'il ait jamais préparé*.	*It's the best dish he ever prepared.*

3. Comparative and superlative forms of adjectives agree in number and gender with the nouns they modify.

Ces lettres sont *plus urgentes que* celles-là.	*These letters are more urgent than those.*
Cette fille est *la plus diligente de* toutes.	*This girl is the most diligent of all.*

4. The preposition *de* + article (*du, de l', de la*) may follow the superlative to express "in" or "of."

   Elle est *la meilleure* chanteuse *du* chœur.   *She's the best singer in the choir.*

5. In the superlative, the adjective generally retains its normal position.

   C'est *le plus* petit morceau.   *It's the smallest piece.*

6. When a superlative adjective follows the noun, the article is repeated.

   C'est l'histoire *la plus* amusante.   *It's the most amusing story.*

b. A few adjectives have irregular comparatives and superlatives.

POSITIVE	COMPARATIVE	SUPERLATIVE
bon(-ne, -s, -nes) *good*	**meilleur (-e, -s, -es)** *better*	**le (la) meilleur(-e)** *(the) best* **les meilleur(-e)s** *(the) best*
mauvais(-e, -es) *bad*	**plus mauvais (-e, -es)** *worse* **pire(-s)** *worse*	**le (la) (les) plus mauvais(-e) (-s)** *(the) worst* **le (la) pire** *(the worst)* **les pires** *(the worst)*
petit(-e, -s, -es) *small* (in size)	**plus petit(-e, -s, -es)** *smaller*	**le (la) plus petit(-e)** *smallest* **les plus petit(-e)s** *smallest*
	moindre (-s) *lesser* (in importance)	**le (la) moindre** *the least, slightest* **les moindres** *the least, slightest*

À mon avis, l'été est *la meilleure* saison.   *In my opinion, summer is the best season.*

Votre attitude est *la pire*.   *Your attitude is the worst.*

Elle s'occupe des *moindres* détails.   *She takes care of the smallest details.*

EXERCISE A

Bon, meilleur, le meilleur. Exprimez ce que vous pensez des choses suivantes.

EXAMPLES: – un sport passionnant (le football, l'athlétisme, la natation).

Le football est un sport passionnant.

L'athlétisme est un sport *moins* passionnant.

La natation est le sport *le moins* passionnant.

+ une ville intéressante (Londres, Rome, Paris)
Londres est une ville intéressante.
Rome est une ville *plus* intéressante.
Paris est la ville *la plus* intéressante.

1. + une matière importante (l'histoire, la biologie, le français)

2. – des couleurs éclatantes (le rouge et le jaune, le noir et le blanc, le gris et le brun)

3. + des bijoux de bonne qualité (les améthystes, les perles, les diamants)

4. – un plat à petit prix (un hamburger, un sandwich, un hot-dog)

    c. Adverbs are compared as follows.

POSITIVE	**objectivement**	*objectively*
COMPARATIVE	**plus (moins) objectivement**	*more (less) objectively*
SUPERLATIVE	**le plus (le moins) objectivement**	*the most (the least) objectively*

Tu travailles *plus sérieusement que* moi.   *You work more seriously than I.*
Je parle *plus franchement que* toi.   *I speak more frankly than you.*
Il court *le plus rapidement*.   *He runs the fastest.*

    NOTE: 1. The preposition *de*, or any of its forms, may follow the superlative adverb to mean "in" or "of."

        Ce savant est le mieux connu   *This scientist is the best known of all.*
          ***de* tous.**

2. Since there is no agreement of adverbs, the article in the superlative is always *le*.

Elle explique le problème *le* plus précisément.	*She explains the problem the most precisely.*

d. A few adverbs have irregular comparatives and superlatives.

POSITIVE	COMPARATIVE	SUPERLATIVE
bien *well*	**mieux** *better*	**le mieux** (*the*) *best*
mal *badly*	**plus mal** *worse*	**le plus mal** (*the*) *worst*
	pis *worse*	**le pis** (*the*) *worst*
beaucoup *much*	**plus** *more*	**le plus** (*the*) *most*
peu *little*	**moins** *less*	**le moins** (*the*) *least*

Je chante bien mais tu chantes encore *mieux* que moi.	*I sing well but you sing even better than I.*

NOTE: The expressions *plus mal* and *le plus mal* are generally preferred to *pis* and *le pis*.

EXERCISE B Mes amis. Répondez aux questions en comparant des amis.

EXAMPLE: Qui travaille d'une façon sérieuse? (+ Élise, ++ Hélène, +++ Marie)
Élise travaille **sérieusement**.
Hélène travaille **plus sérieusement**.
Marie travaille **le plus sérieusement**.

Qui parle mal le français? (– Roland, – – Georges, – – – Lucien)
Roland parle **mal**.
Georges parle **plus mal**.
Lucien parle **le plus mal**.

1. Qui pense d'une façon naïve? (+ Gisèle, ++ Paulette, +++ Marthe)

   _____

   _____

   _____

2. Qui agit d'une façon gentille? (– Christophe, – – Maurice, – – – Alain)

   _____

   _____

   _____

3. Qui s'exprime bien? (+ Chantal, ++ Véronique, +++ Claudine)

4. Qui gagne peu d'argent? (– Gustave, – – André, – – – Bernard)

    e. Comparison of Nouns

COMPARATIVE	SUPERLATIVE
plus (moins) de *more (less)*	**le plus (le moins) de** *the most (the least, the fewest)*
Je peux manger *plus* de tranches de pizza que toi.	*I can eat more slices of pizza than you.*
Il mange *le moins* de légumes de la famille.	*He eats the fewest vegetables in the family.*

EXERCISE C   **Au rayon des vêtements.** Comparez ce que les personnes font au grand magasin.

EXAMPLE: Robert préfère deux chapeaux et Luc en préfère trois.
           Robert préfère **moins de** chapeaux que Lucien.

1. Charles achète trois pulls et Raymond en achète deux.

2. Charlotte essaie cinq paires de pantalons et Lise en essaie dix.

3. Lucien choisit deux cravates et Thierry en choisit une.

4. Charline prend deux ceintures et Carine en prend quatre.

5. Mariane aime trois blousons et Dominique en aime deux.

6. Étienne veut cinq maillots de bain et Sylvain en veut trois.

2. Comparison of Equality

a. *Aussi* + adjective or adverb + *que* (as... as)

Elles sont *aussi intelligentes que* nous. *They are as smart as we.*
Il danse *aussi élégamment que* son père. *He dances as elegantly as his father.*

NOTE: *Si* usually replaces *aussi* in negative comparisons.

Ils ne sont pas *si* contents *que* vous. *They aren't as happy as you.*

b. (1) *Autant de* + noun + *que* (as much/as many... as)

J'ai gagné *autant de prix que* lui. *I won as many prizes as he.*
As-tu *autant de confiance qu'*elle? *Do you have as much confidence as she?*

(2) *Autant que* + pronoun or noun (as much/as many... as)

Il se plaint *autant que toi*. *He complains as much as you do.*

EXERCISE D Au travail. Parlez de vous en faisant une comparaison d'adjectifs, d'adverbes ou de noms.

EXAMPLE: je réponds au téléphone = fois/toi
Je réponds au téléphone **autant de fois que** toi.

1. je travaille = heures/toi.

2. je gagne = argent/toi

3. je suis = intelligent/toi

4. je prends = décisions importantes/toi

5. je suis = travailleur/toi

6. je suis absent = fois/toi

3. Comparative and Superlative Expressions

faire de son mieux *to do one's best*
Fais-tu *de ton mieux*? *Do you do your best?*

le plus (moins) possible *as much (little) as possible*
Il travaille *le plus possible*. *He works as much as possible.*

le plus (moins)... possible *as... as possible*
Il travaille *le plus* vite *possible*. *He works as quickly as possible.*

plus... plus *the more... the more*
***Plus* on étudie, *plus* on apprend.** *The more you study, the more you learn.*

moins... moins *the less... the less*
***Moins* on travaille, *moins* on gagne.** *The less you work, the less you earn.*

plus... moins *the more... the less*
***Plus* on mange, *moins* on maigrit.** *The more you eat, the less thin you become.*

de plus en plus *more and more*
Il gagne *de plus en plus*. *He earns more and more.*

de moins en moins *less and less*
Elle étudie *de moins en moins*. *She studies less and less.*

de mieux en mieux *better and better*
Tu comprends *de mieux en mieux*. *You understand better and better.*

tant bien que mal *so-so, rather badly*
Il joue au basket *tant bien que mal*. *He plays basketball rather badly.*

tant mieux (pis) *so much the better (worse)*
Il arrive bientôt? *Tant mieux*. *He is arriving soon? So much the better.*

EXERCISE E Les opinions. Complétez chaque phrase avec une expression comparative convenable.

de mieux en mieux	le plus possible
de moins en moins	tant bien que mal
de son mieux	tant mieux

1. Raoul n'est pas membre du club de débats parce qu'il n'est pas éloquent. Il s'exprime

_____.

2. Lucie fait des progrès en maths chaque semaine. Elle calcule _____.

3. Grégoire a envie de s'acheter une nouvelle chaîne stéréo. Pour cette raison il épargne _____.

4. Danielle prend des leçons de judo. Elle a _____ peur quand elle sort seule le soir.

5. Paul veut devenir docteur. Il fait _____ pour recevoir les notes nécessaires.

6. Lisette va venir nous aider. _____.

EXERCISE F — **Les opinions.** Travaillez avec une camarade de classe. Comparez vos opinions de six différents genres de programmes de télévision.

EXAMPLE: Un documentaire est **plus ennuyeux qu'**un film d'aventures.

_____
_____
_____
_____
_____
_____

EXERCISE G — **Une comparaison.** Écrivez un paragraphe où vous vous comparez à un membre de votre famille.

_____
_____
_____
_____
_____
_____

Chapter 13
Passé composé

The *passé composé* is a past tense composed of two parts: the present tense of the auxiliary verb, or "helping" verb, and the past participle of the main verb. For most verbs, the auxiliary verb is *avoir* (to have).

1. Verbs Conjugated With *avoir*

écouter to listen	obéir to obey	répondre to answer
I listened, I have listened	I obeyed, I have obeyed	I answered, I have answered
j' ai écouté	j' ai obéi	j' ai répondu
tu as écouté	tu as obéi	tu as répondu
il/elle a écouté	il/elle a obéi	il/elle a répondu
nous avons écouté	nous avons obéi	nous avons répondu
vous avez écouté	vous avez obéi	vous avez répondu
ils/elles ont écouté	ils/elles ont obéi	ils/elles ont répondu

NOTE: The past participle of regular verbs is formed by dropping the infinitive endings and adding *–é* for *–er* verbs, *–i* for *–ir* verbs, and *–u* for *–re* verbs.

Nous avons déjeuné à midi. *We ate lunch at noon.*
Il a désobéi à ses parents. *He disobeyed his parents.*
Ils ont défendu leur pays. *They defended their country.*

2. Negative Constructions

In a negative sentence in the *passé composé*, *ne* precedes the helping verb and the negative word follows it.

Je *n'ai pas* encore fini. *I haven't finished yet.*
Il *n'a jamais* agi d'une telle façon. *He never acted like that.*
Elles *n'ont rien* trouvé. *They found nothing.*

3. Interrogative Constructions

a. A question may be indicated with intonation alone, or it can be formed by beginning the sentence with *est-ce que*.

Vous avez visité Paris? *Have you visited Paris?*
***Est-ce qu'**ils ont bien choisi?* *Did they choose well?*

b. Inversion may also be used in the *passé composé* by inverting the subject pronoun and the auxiliary verb.

As-tu tondu la pelouse?   *Did you mow the lawn?*
A-t-il arrosé le jardin?   *Did he water the garden?*

c. In a negative interrogative sentence in the *passé composé*, *ne* and the negative word surround the inverted helping verb and subject pronoun.

N'avez-vous *jamais* voyagé à l'étranger?   *Haven't you ever traveled abroad?*
N'a-t-elle *rien* expliqué?   *Didn't she explain anything?*

EXERCISE A   **Les tâches.** Écrivez les questions que les membres de votre famille vous posent et donnez vos réponses.

EXAMPLE: Janine et Lise/ranger le salon (non)
Janine et Lise **ont-elles** rangé le salon?
Elles **n'ont pas** rangé le salon.

1. nous/finir de préparer le rôti de bœuf (oui)

2. Charles et vous/répondre au courrier (non)

3. Roger/payer les factures (non)

4. tu/garnir la salade (oui)

5. Claire et Bette/chauffer le dîner (oui)

6. Gabrielle/pendre le linge pour le faire sécher (non)

_____

_____

4. Irregular Verbs Conjugated With *avoir*

All irregular verbs follow the same rules as regular verbs in the *passé composé*. The following verbs have irregular past participles:

a. Past Participles Ending in –*u*

avoir	to have	eu	pouvoir	to be able to	pu
boire	to drink	bu	recevoir	to receive	reçu
connaître	to know	connu	savoir	to know	su
courir	to run	couru	taire	to be quiet	tu
croire	to believe	cru	tenir	to hold	tenu
devoir	to have to, to owe	dû*	valoir	to be worth	valu
falloir	to be necessary	fallu	vivre	to live	vécu
lire	to read	lu	voir	to see	vu
plaire	to please, satisfy	plu	vouloir	to want	voulu
pleuvoir	to rain	plu			

b. Past Participles Ending in –*i*

rire	to laugh	ri

c. Past Participles Ending in –*is*

apprendre	to learn	appris	permettre	to permit	permis
asseoir	to seat	assis	prendre	to take	pris
comprendre	to understand	compris	promettre	to promise	promis
mettre	to put	mis			

d. Past Participles Ending in –*it*

conduire	to drive	conduit
dire	to say	dit
écrire	to write	écrit

e. Irregular Past Participles

craindre	to fear	craint	ouvrir	to open	ouvert
être	to be	été	peindre	to paint	peint
faire	to do	fait			

---

*The following past participle forms of *devoir* do not take a circumflex accent: *due, dues, dus*.

EXERCISE B   **On achète une condo.** Vous voulez acheter un condo. Exprimez les questions que vos parents vous posent et vos réponses.

EXAMPLE: voir beaucoup de condos différents (non)
    VOS PARENTS: **As-tu vu** beaucoup de condos différents?
    VOUS: **Je n'ai pas vu** beaucoup de condos différents.

1. faire un tour du voisinage (oui)

    VOS PARENTS: _____
    VOUS: _____

2. ouvrir tous les placards (non)

    VOS PARENTS: _____
    VOUS: _____

3. recevoir un bon rapport de l'ingénieur (oui)

    VOS PARENTS: _____
    VOUS: _____

4. dire à l'agent ce que tu cherches (oui)

    VOS PARENTS: _____
    VOUS: _____

5. avoir une bonne impression (oui)

    VOS PARENTS: _____
    VOUS: _____

6. prendre une décision au sujet du prix (non)

    VOS PARENTS: _____
    VOUS: _____

7. pouvoir voir d'autres condos (non)

    VOS PARENTS: _____
    VOUS: _____

8. être chez l'agent longtemps (non)

    VOS PARENTS: _____
    VOUS: _____

5. Agreement of Past Participles With *avoir*

Past participles of verbs conjugated with *avoir* agree in gender and number with a preceding direct object noun, pronoun, or antecedent element.

J'ai goûté les *desserts* qu'elle a *préparés*.	*I tasted the desserts she prepared.*
La *robe bleue*? Je ne l'ai pas *prise*.	*The blue dress? I didn't take it.*
Elle va chercher les *clefs* qu'elle a *perdues*.	*She's going to look for the keys she lost.*

NOTE: 1. Past participles already ending in *–s* remain unchanged when preceded by a masculine plural direct object.

Leurs ordinateurs portables? Je les ai pris.	*Their laptops? I took them.*
Voici les *jeux* qu'il a *mis* dans son bureau.	*Here are the games he put in his desk.*

2. There is no agreement of past participles with a preceding indirect object, or with any object placed after the verb, or with the pronoun *en*.

Elle a parlé à Anne	*She spoke to Anne.*
Elle lui a parlé.	*She spoke to her.*
Ils ont envoyé un télégramme à Claude et à moi.	*They sent a telegram to Claude and me.*
Ils nous ont envoyé un télégramme.	*They sent us a telegram.*
Il a bu de la limonade.	*He drank some lemon soda.*
Il en a bu.	*He drank some.*

3. The past participle of a verb conjugated with *avoir* remains unchanged before an infinitive with its own direct object because the direct object belongs to the infinitive and not to the conjugated verb.

Je les ai entendu pleurer.	*I heard them crying.*
Regarde la montre que j'ai décidé d'acheter.	*Look at the watch I decided to buy.*

EXERCISE C — **Une journée comme les autres.** Parlez de votre journée en complétant la phrase avec la forme correcte du verbe au *passé composé*.

1. (voir) Les Bonnard? Je les _____ sortir.

2. (boire) De l'eau minérale? Oui, j'en _____.

3. (ouvrir) Les fenêtres? Je les _____.

4. (parler) M. Jeannot? Oui, je lui _____.

5. (conduire) Ma voiture? Je l' _____ à la campagne.

6. (croire)   La météo? Je l'_____.

7. (craindre)   Les tempêtes prévues? Je ne les _____ pas _____.

8. (proposer)   Les Duchamp? Je leur _____ une promenade.

6. Verbs Conjugated With *être*

The *passé composé* of some verbs is formed by combining the present tense of the verb *être* and the past participle of the verb. Most of these verbs express motion or change of place, state, or condition.

INFINITIVE	PAST PARTICIPLE	INFINITIVE	PAST PARTICIPLE
aller to go	allé	passer to pass by	passé
arriver to arrive	arrivé	rentrer to go in again, return	rentré
descendre to go down	descendu	rester to remain, stay	resté
devenir to become	devenu	retourner to go back, return	retourné
entrer to enter	entré	revenir to come back	revenu
monter to go up, come up	monté	sortir to go out, leave	sorti
mourir to die	mort	tomber to fall	tombé
naître to be born	né	venir to come	venu
partir to leave, go away	parti		

7. Agreement of Past Participles With *être*

Past participles of verbs conjugated with *être* agree in gender (masculine or feminine) and number (singular or plural) with the subject.

MASCULINE SUBJECTS	FEMININE SUBJECTS	
je suis entré	je suis entrée	I entered
tu es entré	tu es entrée	you entered
il est entré	elle est entrée	he/she entered
nous sommes entrés	nous sommes entrées	we entered
vous êtes entré(s)	vous êtes entrée(s)	you entered
ils sont entrés	elles sont entrées	they entered

Ma sœur est *rentrée* tard.   *My sister came home late.*
Ils sont *devenus* avocats.   *They became lawyers.*

NOTE: 1. When the subject is both masculine and feminine, the past participle is masculine plural.

Les garçons et les filles sont *sortis*.   *The boys and the girls went out.*

2. Since the pronouns *je, tu, nous,* and *vous* may be masculine or feminine, and *vous* may be singular or plural, the past participles used with them vary in endings.

3. Negative, interrogative, and negative interrogative forms of the *passé composé* of verbs conjugated with *être* follow the same rules as verbs conjugated with *avoir*.

Elles ne sont pas venues.   *They didn't come.*

Elles sont venues?
*Est-ce qu'*elles sont venues?
Sont-elles *venues*? } *Did they come?*

Elles ne sont pas venues?
*Est-ce qu'*elles ne sont pas venues?
Ne sont-elles *pas* venues? } *Didn't they come?*

EXERCISE D **Hier soir.** Posez une question où vous demandez ce que chaque personne a fait hier soir et donnez la réponse indiquée.

1. Claudette/rentrer tard (non)

2. Carole et Martin/sortir ensemble (oui)

3. Les Cocteau/revenir d'Europe (oui)

4. Marie et Odile/aller au ballet (non)

5. Laurent/passer chez toi (non)

6. Mme Blois/rester chez elle (non)

7. Georges et Éric/partir à la montagne (oui)

8. Pauline et Madeleine/retourner au Canada (oui)

8. Special Verbs

The following verbs are conjugated with *avoir* instead of *être* when these verbs have a direct object. Note the differences in meanings.

| descendre | passer | retourner |
| monter | rentrer | sortir |

Ils ont descendu l'escalier.	*They went downstairs.*
Ils ont descendu leurs affaires.	*They took down their things.*
Ils sont descendus de l'avion.	*They got off the plane.*
Elle a monté l'escalier.	*She went upstairs.*
Elle a monté son sac à dos	*She brought up her backpack.*
Elle est montée pour étudier.	*She went up to study.*
As-tu passé du temps en France?	*Have you spent any time in France?*
Es-tu passé par ma maison aujourd'hui?	*Did you pass by my house today?*
Il a rentré son chat.	*He brought in his cat.*
Il est rentré vers minuit.	*He came home around midnight.*
Elles ont retourné leurs livres.	*They turned over their books.*
Elles sont retournés en Afrique.	*They returned to Africa.*
J'ai sorti mon argent.	*I took out my money.*
Je suis sortie tard.	*I went out late.*

EXERCISE E Hier après-midi. Exprimez ce que ces personnes ont fait hier après-midi.

1. (passer) Maurice _____ chez Charles et il _____ cinq minutes à frapper à sa porte.

2. (monter) Clara _____ ses nouveaux vêtements quand elle _____ à sa chambre.

3. (descendre) Quand nous _____ en bas nous _____ nos matériaux scolaires.

4. (sortir) Janine et Louise _____ de la maison quand elles _____ les poubelles.

5. (rentrer) Douglas et Michel _____ leur chien quand ils _____.

6. (retourner) Quand Lucie _____ à sa maison de campagne elle _____ le matelas.

EXERCISE F **Dans la classe de français** Travaillez avec une camarade de classe. Écrivez six choses que vous avez faites dans votre classe de français récemment.

_____
_____
_____
_____
_____
_____

EXERCISE G **Votre anniversaire.** Écrivez une lettre à votre correspondant(e) français(e) où vous décrivez comment vous avez fêté votre dernier anniversaire.

_____
_____
_____
_____
_____
_____

Chapter 14
Imperfect Tense

1. Imperfect Tense of Regular Verbs

The imperfect tense (*l'imparfait*) of regular verbs is formed by dropping the *–ons* ending of the *nous* form of the present tense and adding the imperfect tense endings *–ais, –ais, –ait, –ions, –iez, –aient*.

dîner to dine	réussir to succeed	perdre to lose
nous dînons	nous réussissons	nous perdons
I dine, I was dining, I used to dine, etc.	I succeeded, I was succeeding, I used to succeed, etc.	I lost, I was losing, I used to lose, etc.
je dîn*ais* tu dîn*ais* il/elle dîn*ait* nous dîn*ions* vous dîn*iez* ils/elles dîn*aient*	je réussiss*ais* tu réussiss*ais* il/elle réussiss*ait* nous réussiss*ions* vous réussiss*iez* ils/elles réussiss*aient*	je perd*ais* tu perd*ais* il/elle perd*ait* nous perd*ions* vous perd*iez* ils/elles perd*aient*

NOTE: 1. Verbs ending in *–ions* and *–iez* in the present tense end in *–iions* and *–iiez* in the imperfect tense: *nous étudiions, vous étudiiez*.

   2. Negative, interrogative, and negative interrogative constructions in the imperfect follow the same rules as in the present tense.

   Alice (n') écoutait (pas).   *Alice was(n't) listening.*
   (Ne) Pouvais-tu (pas) y aller?   *Could(n't) you go there?*

2. Spelling Changes in Certain *–er* Verbs

a. Verbs ending in *–cer* change *c* to *ç* before *a* to keep the soft *c* sound.

commencer to begin	
je commençais	nous commencions
tu commençais	vous commenciez
il/elle commençait	ils/elles commençaient

b. Verbs ending in *–ger* insert silent *e* between *g* and *a* to keep the soft *g* sound.

voyager to travel	
je voyageais	nous voyagions
tu voyageais	vous voyagiez
il/elle voyageait	ils/elles voyageaient

3. Imperfect Tense of Irregular Verbs

The imperfect tense of irregular verbs, with few exceptions, is formed in the same way as the imperfect tense of regular verbs.

INFINITIVE	PRESENT *NOUS* FORM	IMPERFECT
avoir to have	avons	j'avais, tu avais, il / elle avait nous avions, vous aviez, ils / elles avaient
aller to go	allons	j'allais, tu allais, il / elle allait nous allions, vous alliez, ils / elles allaient
faire to do	faisons	je faisais, tu faisais, il / elle faisait nous faisions, vous faisiez, ils / elles faisaient
venir to come	venons	je venais, tu venais, il / elle venait nous venions, vous veniez, ils / elles venaient
voir to see	voyons	je voyais, tu voyais, il / elle voyait nous voyions, vous voyiez, ils / elles voyaient

NOTE: 1. In the imperfect, *être* (to be) adds regular endings to an irregular stem.

j'	étais	nous	étions
tu	étais	vous	étiez
il/elle	était	ils/elles	étaient

2. The imperfect forms of *il faut* (it is necessary) and *il pleut* (it is raining) are:

il fallait   il pleuvait

EXERCISE A   **Les vacances.**   Exprimez ce que chaque personne faisait pendant ses vacances.

1. (nager)   Je _____ dans la mer.

2. (manger)   Il _____ dehors tous les soirs.

3. (renoncer)   Tu _____ à suivre ton régime.

4. (aller)   Nous _____ à la piscine tous les jours.

5. (réussir)   Les filles _____ à se bronzer.

6. (descendre) Vous _____ en ville.

7. (pêcher)   Je _____ .

8. (être)   On _____ heureux.

4. Uses of the Imperfect

The imperfect tense expresses actions, circumstances, events, and situations that are continuous, repeated, or habitual in the past.

a. The imperfect describes what was happening, used to happen, or happened repeatedly in the past.

Les enfants dérangeaient leurs parents.	*The children were bothering (used to bother) their parents.*
Nous étudiions à la bibliothèque.	*We studied (used to study) in the library.*
Je faisais de l'aérobic chaque jour.	*I did (would do, used to do) aerobics every day.*

NOTE: The imperfect tense is usually equivalent to the English "was/were + -ing" form of the verb or to the English "used to," and "would" (meaning "used to").

b. The imperfect describes persons, things, or conditions in the past.

Elle *était* égoïste.	*She was selfish.*
Le ciel *était* bleu.	*The sky was blue.*
Il *faisait* chaud.	*It was hot.*

c. The imperfect is used to express the day, the month, and the time of day in the past.

C'*était* mardi.	*It was Tuesday.*
C'*était* le mois de juin.	*It was June.*
Il *était* midi.	*It was noon.*

d. The imperfect expresses a physical or mental state or condition in progress in the past, often with the verbs *aimer, croire, désirer, espérer, être, pouvoir, préférer, regretter, savoir,* and *vouloir.*

Ils ne *voulaient* pas quitter la fête.	*They didn't want to leave the party.*
Elle *espérait* devenir docteur un jour.	*She hoped to become a doctor one day.*

e. The imperfect describes a situation or circumstance that was going on in the past when some single action or event occurred; this action or event is expressed in the *passé composé*.

Je *lisais* quand il m'a téléphoné.	*I was reading when he called me.*
Il *pleuvait* quand je suis sorti.	*It was raining when I went out.*

NOTE: Two actions going on simultaneously in the past are both expressed in the imperfect.

Je *mettais* la table pendant qu'elle *cuisinait*.	*I was setting the table while she was cooking.*

EXERCISE B   **En classe.** Exprimez ce que certaines personnes faisaient quand quelque chose d'autre s'est passé (se passait).

EXAMPLES: (écrire/voir)   J' _____ mes devoirs quand le professeur m'_____.

J' **écrivais** mes devoirs quand le professeur m'**a vu.**

(écouter/parler)   Tout le monde _____ quand le professeur _____ en classe.

Tout le monde **écoutait** quand le professeur **parlait.**

1. (rire/raconter)   Nous _____ quand les autres élèves _____ leur histoire.

2. (effacer/prononcer)   Claude _____ le tableau quand nous _____ les mots de vocabulaire.

3. (corriger/sonner)   Le professeur _____ les devoirs au tableau quand le téléphone cellulaire de Jean _____.

4. (finir/interrompre)   Je _____ mon travail quand tu m'_____.

5. (étudier/être)   Vous _____ quand nous _____ en train de repasser les exercices de grammaire.

6. (passer/ouvrir)   Nous _____ une interro quand le directeur _____ la porte de la salle de classe.

7. (copier/écouter)   Tu _____ mes notes quand j'_____ la leçon.

8. (faire/éclater)   Les élèves _____ un exercice de grammaire quand Marie _____ de rire.

5. The Imperfect With Expressions of Time

The imperfect tense is used with *depuis* + an expression of time to describe an action or event that began and continued for some time in the past. In such situations, the question is expressed by *Depuis combien de temps ...?* + imperfect tense or *Depuis quand ...?* + imperfect tense.

***Depuis combien de temps enseigniez-vous** en France avant de venir aux États-Unis?*	*How long had you been teaching in France before coming to the United States?*
***Depuis quand écoutaient-ils** ma conversation au téléphone?*	*Since when had they been listening to my phone conversation?*

**Je tricotais le pull *depuis* deux mois
quand je l'ai finalement *fini*.**

*I had been knitting the sweater for two
months when I finally finished it.*

NOTE: 1. The construction *il y avait* + expression of time + *que* + the imperfect tense is also used to express an action begun and continued in the past. In such situations, the question is expressed by *Combien de temps y avait-il + que ...?* + imperfect tense.

*Combien de temps y avait-il que
tu jouais* de la clarinette quand
Lucien est arrivé?

*How long had you been playing the
clarinet when Lucien arrived?*

*Il y avait une demi-heure que je
jouais* de la clarinette quand
Lucien est arrivé.

*I had been playing the clarinet for a
half hour when Lucien arrived.*

2. The constructions *cela (ça) faisait ... que* + imperfect tense may also be used in place of *depuis*.

*Cela (ça) faisait cinq ans qu'ils
habitaient* au Sénégal.

*They had been living in Senegal for
five years.*

EXERCISE C

Depuis quand? Alain veut savoir depuis quand son ami cuisinait. Exprimez les questions d'Alain en employant les expressions Depuis quand...? et Combien de temps y avait-t-il que...?.

EXAMPLE: aider ta mère dans la cuisine?

Depuis quand aidais-tu ta mère dans la cuisine?

Combien de temps y avait-il que tu aidais ta mère dans la cuisine?

1. préparer des plats spéciaux

2. suivre des cours d'art culinaire

3. songer à devenir chef

4. faire des gâteaux pour des fêtes importantes

Imperfect Tense 141

EXERCISE D Depuis... Donnez les réponses aux questions de l'exercice C en employant les renseignements donnés.

1. (trois ans)

2. (sept mois)

3. (cinq semaines)

4. (quatre ans)

EXERCISE E La jeunesse. Travaillez avec un(e) camarade de classe. Exprimez cinq choses que vous aviez l'habitude de faire quand vous étiez jeunes.

EXERCISE F On regarde par la fenêtre. Écrivez un paragraphe où vous décrivez ce que vous avez vu la dernière fois que vous avez regardé par la fenêtre.

CHAPTER 15
Passé composé and Imperfect Tenses Compared

The basic uses of the *passé composé* and the imperfect tenses are summarized in the table below.

PASSÉ COMPOSÉ	IMPERFECT
1. Expresses specific actions or events that were started and completed at a definite point in the past. **J'ai lavé ma voiture.** *I washed my car.*	1. Describes ongoing or continuous actions or events in the past. **Je lavais ma voiture.** *I was washing my car.*
2. Expresses a specific action or event at a specific point in past time. **Ils sont arrivés à quatre heures.** *They arrived at four o'clock.* **Je suis allée à l'opéra hier soir.** *I went to the opera last night.*	2. Describes habitual or repeated actions or events in the past. **Ils arrivaient généralement à quatre heures.** *They generally arrived at four o'clock.* **J'allais à l'opéra le soir.** *I would go to the opera in the evening.*
	3. Describes persons, things, or a state of mind in the past. **Elle était nerveuse.** *She was nervous.* **Les chiens jouaient.** *The dogs were playing.* **Je ne savais pas réparer le moteur.** *I didn't know how to fix the motor.*

NOTE: 1. The *passé composé* expresses an action or event repeated a specific number of times in the past.

         Cet enfant est tombé trois fois.   *That child fell three times.*

         But:

         Cet enfant tombait souvent.   *That child used to (would) fall a lot.*

    2. The *passé composé* is usually equivalent to an English simple past and the imperfect to the English "was (were) ...–ing," "used to", and "would" (meaning used to).

         Hier matin il *a neigé* pendant trois heures.   *Yesterday morning it snowed for three hours.*

         Il *neigeait* hier matin.   *It was snowing yesterday morning.*

    3. The *passé composé* is often used with the following words and expressions:

         l'année passée (dernière) *last year*   **d'abord** *at first*

avant-hier *the day before yesterday*	**enfin** *finally*
ensuite *then, next*	**ce jour-là** *that day*
l'été (l'hiver) passé *last summer (winter)*	**plusieurs fois** *several times*
finalement *finally*	**un jour** *one day*
une (deux...) fois *once, one (two) time(s)*	**le mois passé (dernier)** *last month*
hier *yesterday*	**la semaine passée (dernière)** *last week*
hier soir *last night*	**soudain** *suddenly*
l'autre jour *the other day*	**tout à coup** *suddenly*

4. The imperfect is often used with the following adverbial expressions, when they imply repetition.

autrefois *formerly*	**fréquemment** *frequently*
chaque jour (semaine, mois, année) *each day (week, month, year)*	**généralement** *generally*
	habituellement *habitually*
de temps à autre *from time to time*	**parfois** *sometimes, every now and then*
de temps en temps *from time to time*	**quelquefois** *sometimes*
d'habitude *usually*	**souvent** *often*
d'ordinaire *usually, ordinarily*	**toujours** *always*
en ce temps-là *at that time*	**tous les jours (mois)** *every day (month)*
en général *generally*	**tout le temps** *all the time*

5. The imperfect tense is used to describe an action or event that was going on in the past when another action or event took place. The action or event that took place is in the *passé composé*.

Elle *courait* dans les bois quand une abeille l'*a piquée*.	*She was running in the woods when a bee stung her.*

6. The imperfect is often used with verbs that express a state of mind over a period of time in the past. When these verbs express a state of mind occurring at a specific point in the past, the *passé composé* is used.

aimer *to like, love*	**pouvoir** *to be able, can*
croire *to believe*	**préférer** *to prefer*
désirer *to desire*	**regretter** *to regret, be sorry*
espérer *to hope*	**savoir** *to know (how)*
être *to be*	**vouloir** *to wish, want*
penser *to think*	

Il *espérait* gagner le match.	*He hoped to win the match.*
Elles *regrettaient* leur absence.	*They regretted their absence.*
Tout d'un coup, il *a pensé* à sa petite amie.	*All of a sudden he thought about his girlfriend.*

EXERCISE A **Un voyage à Las Vegas.** Qu'est-ce qui s'est passé pendant un voyage à Las Vegas? Lisez l'histoire et choisissez la forme correcte du verbe, au passé composé ou à l'imparfait.

Les Chenille _____ à Las Vegas pour la première fois avec leurs amis, les
　　　　　　1. (sont allés, allaient)

Dupont. C'_____ dimanche, le jour de leur départ. Le vol _____
　　　　2. (a été, était)　　　　　　　　　　　　　　　　　　　　　　　3. (est allé, allait)

décoller à sept heures du matin. Les Dupont _____ arriver à l'aéroport deux
　　　　　　　　　　　　　　　　　　　　　　　4. (ont voulu, voulaient)

heures en avance du vol. Mais les Chenille _____ envie de dormir plus tard et
　　　　　　　　　　　　　　　　　　　　　5. (ont eu, avaient)

ils _____ d'arriver à l'aéroport à six heures. Imaginez leur grande
　　6. (se sont contentés, se contentaient)

surprise quand ils _____ les premiers! Apparemment les Dupont
　　　　　　　　　7. (sont arrivés, arrivaient)

_____ sonner leur réveil.
8. (n'ont pas entendu, n'entendaient pas)

À six heures et demie, un employé _____ le départ du vol et
　　　　　　　　　　　　　　　　　9. (a annoncé, annonçait)

l'embarquement _____. Malheureusement, les deux couples
　　　　　　　　10. (a commencé, commençait)

_____ s'asseoir l'un à côté de l'autre. Tant pis. Ils _____
11. (n'ont pas pu, ne pouvaient pas)　　　　　　　　　　　　　　　　12. (ont pris, prenaient)

leurs places désignées. M. Chenille _____ un journal à lire et Mme Chenille
　　　　　　　　　　　　　　　　13. (a sorti, sortait)

_____ un sac qui _____ beaucoup de travail à faire. M. Dupont
14. (a ouvert, ouvrait)　　15. (a contenu, contenait)

_____ un magazine qu'il _____ lire et Mme Dupont
16. (a pris, prenait)　　　　　　　　　17. (a voulu, voulait)

_____. Finalement tout le monde _____ prêt à partir. Les
18. (n'a rien fait, ne faisait rien)　　　　　　　　　　　　19. (a été, était)

hôtesses _____ toutes les portes de l'avion. Les passagers
　　　　　20. (ont fermé, fermaient)

_____ leurs ceintures de sécurité.
21. (ont attaché, attachaient)

Une heure _____ mais l'avion _____ sa porte. Tout le
　　　　　22. (a passé, passait)　　　　　　　23. (n'a pas quitté, ne quittait pas)

monde _____ à s'inquiéter quand le pilote _____ qu'il y
　　　24. (a commencé, commençait)　　　　　　　　　　25. (a annoncé, annonçait)

_____ un problème. À cause du froid extérieur, l'eau intérieure de l'avion
26. (a eu, avait)

_____ gelée et il _____ attendre qu'elle dégèle. Trois heures plus
27. (a été, était)　　　　　28. (a fallu, fallait)

tard l'avion _____ mais la plupart des passagers
　　　　　29. (n'est pas encore parti, ne partait pas encore)

_____ cete inconvénient sans sourciller.
30. (ont accepté, acceptaient)

EXERCISE B **Une rencontre inattendue.** Complétez cette histoire avec la forme correcte du passé composé ou de l'imparfait.

C'_____ samedi après-midi. Il _____ deux heures. Mme
   1. (être)   2. (être)

Blanchette _____ le matin à faire le ménage. À une heure, elle
            3. (passer)

_____ son déjeuner qui _____ de soupe et d'un sandwich. Elle
  4. (prendre)   5. (se composer)

n'_____ pas grand-chose à faire l'après-midi, alors elle _____
   6. (avoir)   7. (décider)

d'aller faire du lèche-vitrines dans son grand magasin favori. Elle _____ au
                                                                      8. (dire)

revoir à son mari et elle _____ les clefs de sa voiture. Le magasin
                            9. (prendre)

n'_____ pas loin de chez elle et elle y _____ en dix minutes. Elle
   10. (être)   11. (arriver)

_____ à son rayon favori, celui des vêtements pour femmes, naturellement.
  12. (aller)

Elle _____ en train de regarder des robes à la dernière mode quand tout d'un
      13. (être)

coup elle _____ un homme qui la (l') _____ du regard. Elle ne (n')
            14. (remarquer)   15. (fixer)

_____ rien parce qu'il _____ accompagné de sa femme. Quand
  16. (soupçonner)   17. (être)

même, c'_____ curieux.
         18. (être)

   Mme Blanchette _____ à regarder les robes quand soudain, elle
                    19. (continuer)

_____ du coin de l'œil, cet homme qui _____ sa femme et qui
  20. (voir)   21. (laisser)

_____ vers elle. Elle _____ à peine ses yeux. Une fois arrivé, il
  22. (venir)   23. (croire)

_____ à Mme Blanchette qu'elle _____ énormément à quelqu'un
  24. (dire)   25. (ressembler)

qu'il _____ il y a longtemps au lycée. Il _____ savoir si Mme
        26. (connaître)   27. (vouloir)

Blanchette _____ cette personne. Mme Blanchette lui _____ son
              28. (être)   29. (demander)

nom et à l'entendre, elle _____ un cri. Elle le (l') _____
                            30. (pousser)   31. (reconnaître)

immédiatement. Cet homme _____ le petit garçon frêle assis à côté d'elle dans
                            32. (être)

sa classe de français et qui _____ toujours ses notes. Ils _____
                               33. (copier)   34. (échanger)

leurs numéros de téléphone et leurs adresses et depuis lors, ils _____ amis.
                                                                   35. (rester)

EXERCISE C | **Un auteur.** Complétez cette histoire avec la forme correcte du passé composé ou de l'imparfait.

Beaucoup de gens me (m') _____ comment je _____ auteur. Je
                        1. (demander)   2. (devenir)

leur _____ que c' _____ vraiment par hasard car je
      3. (expliquer)   4. (être)

n' _____ aucune envie de devenir écrivain. J' _____ deux petits en-
   5. (avoir)   6. (avoir)

fants et je (j') _____ à plein temps comme professeur de français.
                 7. (travailler)

J' _____ trop occupée et cette idée ne me (m') _____ jamais à l'esprit.
   8. (être)   9. (venir)

Un jour, cependant, le chef du département des langues étrangères _____ au
                                                                    10. (arriver)

lycée, un manuscrit à la main. Nous _____ la même philosophie éducative et
                                      11. (partager)

donc, nous _____ de bonnes relations. Il me (m') _____ avec en-
            12. (avoir)   13. (montrer)

thousiasme son futur livre. À mon avis, c' _____ vraiment bon pour deux
                                            14. (être)

raisons: les exercices _____ faciles et les passages à lire _____
                        15. (être)   16. (aller)

amuser les élèves. Nous _____ que les autres livres de grammaire
                         17. (penser)

_____ de ces deux éléments nécessaires. Heureusement pour moi, il
18. (manquer)

_____ professeur d'espagnol. Je lui _____ si je _____
19. (être)   20. (demander)   21. (pouvoir)

faire un manuscrit semblable pour la langue française. Il _____ que
                                                           22. (croire)

c' _____ une idée formidable et il me (m') _____ de me servir de
   23. (être)   24. (permettre)

son livre pour créer le mien.

Pendant que j' _____ mes chapitres il _____ de faire publier le
                25. (écrire)   26. (essayer)

manuscrit à ses frais. Malheureusement, la maison d'édition à laquelle il _____
                                                                           27. (donner)

tout son argent a fait faillite. Que faire alors? Il _____ une copie de son livre et
                                                      28. (prendre)

il l' _____ à tous les éditeurs qu'il _____ . Il _____
      29. (envoyer)   30. (connaître)   31. (expliquer)

que sa collègue _____ la version française.
                 32. (préparer)

Quelques semaines plus tard il me (m') _____ chez moi pour m'avertir qu'on
                                        33. (téléphoner)

_____ les deux manuscrits et qu'il _____ signer tout de suite un
34. (accepter)   35. (falloir)

contrat. Et juste comme ça, je _____ auteur.
                                36. (devenir)

EXERCISE D   **Une expérience extraordinaire.** Décrivez la journée de Julienne. Mettez les verbes en caractères gras au passé composé ou à l'imparfait.

Quand je **suis** en vacances, je **sors** tous les matins. J'**aime** faire une promenade après le petit déjeuner parce que c'**est** un bon moyen de m'exercer un peu. Un jour, je **fais** des achats au centre commercial quand je **vois** une annonce pour un théâtre qui **passe** des films réalisés en trois dimensions. Cela m'**intrigue** parce que j'**ai** envie de voir un tel film. L'annonce **dit** que les billets **coûtent** huit euro et que le film **dure** dix minutes. Cela me **paraît** assez coûteux mais je **suis** curieuse et je **prends** la décision de voir le film à onze heures.

J'**arrive** au guichet et j'**achète** mon billet. Je **suis** très surprise quand on **explique** que les personnes ayant certaines maladies ne **doivent** pas voir ce film. J'**entre** dans le théâtre et un ouvreur me **donne** un casque à réalité virtuelle. Il m'**avertit** aussi d'attacher ma ceinture de sécurité. Je **suis** ses conseils de bon cœur. Une minute après, je **voyage** à toute vitesse dans l'espace où je **combats** dans une guerre avec des extra-terrestres. C'**est** incroyable. J'**ai** tellement peur que je **saisis** les bras du fauteuil. Tout **paraît** très réel, peut-être de trop.

Après le film je **souffre** du vertige et j'**ai** mal au cœur. Heureusement je ne **mange** rien avant de voir le film. Quelle expérience extraordinaire! Quand je **rentre** à l'hôtel je **recommande** le film à tous mes amis, car c'**est** vraiment formidable.

EXERCISE E **On aide les autres.** Travaillez avec un(e) camarade de classe. Faites une liste de six choses que vous avez faites pour aider les autres et décrivez leur réaction.

EXERCISE F **Une chose extraordinaire.** Écrivez une lettre à un(e) correspondant(e) où vous racontez quelque chose d'extraordinaire que vous avez fait.

Chapter 16
The *passé simple*

1. The *passé simple* of Regular Verbs

The *passé simple* (past definite) is formed by dropping the infinitive ending and adding the personal endings:

for all *-er* verbs: *-ai, -as, -a, -âmes, -âtes, -èrent*

for regular *-ir* and *-re* verbs: *-is, -is, -it, -îmes, -îtes, -irent*

demander to ask	choisir to choose	défendre to defend
I asked	I chose	I defended
je demand*ai*	je chois*is*	je défend*is*
tu demand*as*	tu chois*is*	tu défend*is*
il/elle demand*a*	il/elle chois*it*	il/elle défend*it*
nous demand*âmes*	nous chois*îmes*	nous défend*îmes*
vous demand*âtes*	vous chois*îtes*	vous défend*îtes*
ils/elles demand*èrent*	ils/elles chois*irent*	ils/elles défend*irent*

The *passé simple* occurs primarily in formal, literary, and historical writings expressing a completed past action.*

EXERCISE A   **L'histoire ancienne.** Exprimez ce qui est arrivé dans l'histoire en changeant le passé composé au passé simple.

1. Jules César a profité de la désunion des Gaulois pour entreprendre la conquête du pays entier.

2. Vercingétorix a réussi à former une coalition des peuples gaulois contre César.

3. Les Gaulois ont adopté les coutumes, la religion et le code de justice de leurs vainqueurs.

4. À partir du troisième siècle des peuplades barbares ont envahi la Gaule.

5. Clovis, roi des Francs, a battu les Romains.

---

*In conversation and informal writing, the *passé composé* is used to express a completed past action.

6. En 732 Charles Martel a sauvé la France de l'invasion musulmane.

   _____

7. En 800, à Rome, le pape a couronné Charlemagne empereur d'Occident.

   _____

8. Charlemagne a promulgué des lois bonnes et justes.

   _____

2. Spelling Changes in the *passé simple*

a. Verbs ending in *-cer* change *c* to *ç* before *a* to keep the soft *c* sound.

| menacer to threaten | je menaçai, tu menaças, il/elle menaça, nous menaçâmes, vous menaçâtes, ils/elles menacèrent |

b. Verbs ending in *-ger* insert mute *e* between *g* and *a* to keep the soft *g* sound.

| changer to change | je changeai, tu changeas, il/elle changea, nous changeâmes, vous changeâtes, ils/elles changèrent |

EXERCISE B Des artistes célèbres. Exprimez ce que chaque artiste a fait en écrivant le verbe au passé simple.

1. (exercer)   Picasso _____ une influence profonde sur l'évolution de l'art.

2. (partager)   Georges Seurat _____ sa technique pointilliste avec les autres artistes modernes de son époque.

3. (diriger)   Georges Braque _____ l'école cubiste.

4. (remplacer)   René Magritte _____ le réalisme avec le surréalisme.

5. (renoncer)   Henri Matisse _____ à l'impressionisme.

6. (voyager)   Paul Gauguin _____ à Tahiti.

3. *Passé simple* of Irregular Verbs

For many irregular verbs, the stem for the *passé simple* is the past participle. The endings –s, -s, -t, -^mes, -^tes, -rent are added to this stem.

| avoir to have | j'eus, tu eus, il/elle eut, nous eûmes, vous eûtes, ils/elles eurent |
| boire to drink | je bus, tu bus, il/elle but, nous bûmes, vous bûtes, ils/elles burent |

connaître to know	je connus, tu connus, il/elle connut, nous connûmes, vous connûtes, ils/elles connurent
construire to build	je construisis, tu construisis, il/elle construisit, nous construisîmes, vous construisîtes, ils/elles construisirent
courir to run	je courus, tu courus, il/elle courut, nous courûmes, vous courûtes, ils/elles coururent
croire to believe	je crus, tu crus, il/elle crut, nous crûmes, vous crûtes, ils/elles crurent
devoir to have to	je dus, tu dus, il/elle dut, nous dûmes, vous dûtes, ils/elles durent
dire to say, tell	je dis, tu dis, il/elle dit, nous dîmes, vous dîtes, ils/elles dirent
écrire to write	j'écrivis, tu écrivis, il/elle écrivit, nous écrivîmes, vous écrivîtes, ils/elles écrivirent
être to be	je fus, tu fus, il/elle fut, nous fûmes, vous fûtes, ils/elles furent
faire to make, do	je fis, tu fis, il/elle fit, nous fîmes, vous fîtes, ils/elles firent
lire to read	je lus, tu lus, il/elle lut, nous lûmes, vous lûtes, ils/elles lurent
mettre to put	je mis, tu mis, il/elle mit, nous mîmes, vous mîtes, ils/elles mirent
mourir to die	je mourus, tu mourus, il/elle mourut, nous mourûmes, vous mourûtes, ils/elles moururent
naître to be born	je naquis, tu naquis, il/elle naquit, nous naquîmes, vous naquîtes, ils/elles naquirent
plaire to please	je plus, tu plus, il/elle plut, nous plûmes, vous plûtes, ils/elles plurent
pouvoir to be able to	je pus, tu pus, il/elle put, nous pûmes, vous pûtes, ils/elles purent
prendre to take	je pris, tu pris, il/elle prit, nous prîmes, vous prîtes, ils/elles prirent
recevoir to receive	je reçus, tu reçus, il/elle reçut, nous reçûmes, vous reçûtes, ils/elles reçurent
savoir to know	je sus, tu sus, il/elle sut, nous sûmes, vous sûtes, ils/elles surent
tenir to hold	je tins, tu tins, il/elle tint, nous tînmes, vous tîntes, ils/elles tinrent
traduire to translate	je traduisis, tu traduisis, il/elle traduisit, nous traduisîmes, vous traduisîtes, ils/elles traduisirent
venir to come	je vins, tu vins, il/elle vint, nous vînmes, vous vîntes, ils/elles vinrent
vivre to live	je vécus, tu vécus, il/elle vécut, nous vécûmes, vous vécûtes, ils/elles vécurent
voir to see	je vis, tu vis, il/elle vit, nous vîmes, vous vîtes, ils/elles virent
vouloir to wish, to want	je voulus, tu voulus, il/elle voulut, nous voulûmes, vous voulûtes, ils/elles voulurent

EXERCISE C   **Un peu de culture.**   Exprimez ce qui est arrivé au passé en écrivant le verbe au passé simple.

1. En 1991 Pierre-Gilles de Gennes _____ (recevoir) le prix Nobel pour ses recherches en physique.

2. Henri Poincaré _____ (faire) des contributions importantes aux mathématiques.

3. Maurice Ravel _____ (écrire) des œuvres musicales marquées par la virtuosité et la sensibilité.

4. René Descartes _____ (dire) "Je pense donc je suis."

5. Auguste Rodin _____ (savoir) sculpter le marbre.

6. Jules Hardouin Mansard _____ (construire) la plus grande partie du palais de Versailles.

7. L'architecture gothique _____ (permettre) la construction d'édifices de vastes dimensions.

8. Albert Camus _____ (être) un des représentants de la "philosophie de l'absurde."

9. Antoine de Saint Exupéry, auteur de "Le Petit Prince," _____ (disparaître) sur le front méditerranéen pendant la guerre.

10. Le Marquis de La Fayette _____ (prendre) une part active à la guerre d'Indépendance en Amérique.

11. Georges Pompidou, ancien président de la France, _____ (mourir) en 1974.

12. Napoléon Bonaparte _____ (devenir) empereur des Français.

13. Jeanne d'Arc _____ (naître) en 1412 à Domrémy.

14. Jean-Jacques Rousseau _____ (vivre) au dix-huitième siècle.

15. Le romantisme _____ (vouloir) rompre avec la discipline et les règles du classicisme.

16. Edgar Degas _____ (voir) des danseuses à l'Opéra.

EXERCISE D   **Des faits importants.** Exprimez ce qui est arrivé au passé en changeant le verbe du passé simple au passé composé.

1. Louis Pasteur fonda la bactériologie moderne.

2. Samuel Beckett reçut le prix Nobel de littérature en 1969.

3. Denis Diderot dirigea la publication de l'Encyclopédie.

4. Jacques Cartier découvrit le Saint-Laurent.

5. Jacques Prévert écrivit des poèmes.

6. Marie-Antoinette perdit tout de suite l'estime du peuple.

7. Dominique Ingres devint le champion de la peinture académique.

8. Jean-Baptiste Lully fut le créateur de l'opéra français.

9. Guillaume le Conquérant fit la conquête de l'Angleterre.

10. Charles Augustin de Coulomb formula les lois de l'électrostatique et du magnétisme.

11. Jeanne d'Arc mourut en 1431.

12. Napoléon Bonaparte naquit en 1769.

EXERCISE E **L'histoire.** Travaillez avec un(e) camarade de classe. Parlez de six personnages historiques en employant le passé simple.

EXERCISE F **Un événement historique.** Écrivez un paragraphe où vous décrivez un événement historique en employant le passé simple.

CHAPTER 17
Future Tense

1. Future Tense of Regular Verbs

The future tense is formed by adding the following endings to the infinitive: *-ai, -as, -a, -ons, -ez, -ont*.

gagner *to win*	finir *to finish*	attendre *to wait*
I will/shall win	*I will/shall finish*	*I will/shall wait*
je gagner**ai**	je finir**ai**	j' attendr**ai**
tu gagner**as**	tu finir**as**	tu attendr**as**
il/elle gagner**a**	il/elle finir**a**	il/elle attendr**a**
nous gagner**ons**	nous finir**ons**	nous attendr**ons**
vous gagner**ez**	vous finir**ez**	vous attendr**ez**
ils/elles gagner**ont**	ils/elles finir**ont**	ils/elles attendr**ont**

NOTE: 1. Verbs ending in *–re* drop the final *e* before the future ending.

vendre je vendr**ai**   **prendre** il prendr**a**

2. Negative, interrogative, and negative interrogative constructions in the future follow the same rules as in the present tense.

Elle ne décorera pas cette pièce.   She will (not) decorate that room.
(N')Agira-t-il (pas) prudemment?   Will (Won't) he act cautiously?

2. Spelling Changes in the Future Tense

a. Most verbs with infinitives ending in *–yer* change *y* to *i* in the future.

nettoyer *to clean*			
je netto**i**erai		nous netto**i**erons	
tu netto**i**eras		vous netto**i**erez	
il/elle netto**i**era		ils/elles netto**i**eront	

NOTE: 1. Verbs with infinitives ending in *–ayer* may or may not change the *y* to *i* in all future-tense forms.

essayer *to try*	j'essa**i**erai (essayerai), tu essa**i**eras (essayeras), il/elle essa**i**era (essayera), nous essa**i**erons (essayerons), vous essa**i**erez (essayerez), ils essa**i**eront (essayeront)

155

2. The verb *envoyer* and its compound *renvoyer* (to send back) are irregular in the future.

envoyer to send	j'enverrai, tu enverras, il/elle enverra, nous enverrons, vous enverrez, ils/elles enverront

b. Verbs with silent *e* in the syllable before the infinitive ending change silent *e* to *è* in the future.

acheter to buy	j'achèterai, tu achèteras, il/elle achètera, nous achèterons, vous achèterez, ils/elles achèteront

c. In the future, verbs like *appeler* and *jeter* double the consonant before the infinitive ending.

appeler to call	j'appellerai, tu appelleras, il/elle appellera, nous appellerons, vous appellerez, ils/elles appelleront

jeter to throw	je jetterai, tu jetteras, il/elle jettera, nous jetterons, vous jetterez, ils/elles jetteront

EXERCISE A **De bons voisins.** Exprimez au futur ce que feront ces personnes pour être de bons voisins lorsqu'une famille du quartier est en vacances.

1. (acheter) Je vous ——————— des provisions avant votre retour.
2. (arroser) Les garçons ——————— vos plantes.
3. (nettoyer) Marie et Hélène ——————— votre maison.
4. (promener) Carine ——————— votre chien tous les jours.
5. (jeter) Robert ——————— les ordures.
6. (attendre) Nous ——————— vos paquets.
7. (nourrir) Paul et Henri ——————— votre oiseau.
8. (appeler) Nous vous ——————— au cas où il y aurait des problèmes.

3. Verbs Irregular in the Future Tense

The following verbs have irregular stems in the future.

INFINITIVE	FUTURE	INFINITIVE	FUTURE
aller to go	j'irai	pleuvoir to rain	il pleuvra
asseoir to seat	j'assiérai, j'assoirai	pouvoir to be able to	je pourrai
avoir to have	j'aurai	recevoir to receive	je recevrai
courir to run	je courrai	savoir to know	je saurai
devoir to have to	je devrai	tenir to hold	je tiendrai
envoyer to send	j'enverrai	valoir to be worth	je vaudrai
être to be	je serai	venir to come	je viendrai
faire to do	je ferai	voir to see	je verrai
falloir to be necessary	il faudra	vouloir to want	je voudrai
mourir to die	je mourrai		

EXERCISE B **Après la cérémonie de remise des diplômes.** Exprimez ce qu'une voyante prédit pour Mireille après qu'elle aura fini ses études. Employez le futur du verbe indiqué.

1. (être/asseoir) Vous _____ professeur et vous _____ les élèves par ordre alphabétique.

2. (pleuvoir/mourir) Il _____ le jour de votre mariage mais quand même vous _____ de joie.

3. (recevoir/pouvoir) Vous _____ beaucoup de cadeaux et vous _____ remercier tout le monde.

4. (aller/voir) Vous _____ en Italie pour votre lune de miel et vous _____ tous les monuments célèbres.

5. (savoir/faire) Vous ne _____ pas bien cuisiner mais vous _____ de votre mieux.

6. (falloir/envoyer) Il _____ déménager deux fois parce que le chef de votre mari l'_____ travailler à l'étranger.

7. (avoir/valoir) Vous _____ deux enfants et il _____ mieux rester à la maison pour les élever.

8. (devoir/courir) Vous _____ garder votre forme alors vous _____ 250 mètres par jour.

9. (venir/vouloir) Vos beaux-parents _____ vous voir souvent et vous _____ faire de votre mieux pour leur plaire.

10. (devenir/connaître) Vous _____ un jour célèbre et vous _____ beaucoup de gens importants.

4. Uses of the Future Tense

a. The future tense is used in French, as in English, to express what will happen.

Je te *dirai* tout.   *I will tell you everything.*

b. The future is used after *quand* (when), *lorsque* (when), *aussitôt que* (as soon as), and *dès que* (as soon as) if the action refers to the future, even though the present tense may be used in English.

Je mangerai quand (lorsque) j'*aurai* faim.   *I will eat when I'm hungry.*
Nous sortirons aussitôt que (dès que) nous *serons* prêts.   *We will leave as soon as we are ready.*

EXERCISE C À l'université. Exprimez ce que Nathalie dira quand elle ira à l'université.

1. Quand je _____ (savoir) le nom de ma camarade de chambre, je te le _____ (dire).

2. Maman, je sais que tu m' _____ (envoyer) une petite boîte de friandises lorsque j'en _____ (avoir) envie.

3. Marie et moi vous _____ (appeler) aussitôt que nous _____ (arriver) au dortoir.

4. Dès que je vous _____ (écrire) une lettre, je _____ (courir) à la poste.

5. Lorsque je _____ (être) installée, mes frères _____ (venir) me voir.

6. Nous _____ (nettoyer) notre chambre quand nous y _____ (faire) du désordre.

7. Aussitôt qu'on le _____ (permettre), vous _____ (aller) me rendre visite.

8. Je _____ (pouvoir) vous envoyer des messages par courrier électronique dès que j' _____ (acheter) un ordinateur.

EXERCISE D **On garde sa forme.** Travailler avec un(e) camarade de classe. Faites une liste de six choses que vous ferez pour garder votre forme.

EXERCISE E **Un permis de conduire.** Écrivez une note à un(e) ami(e) où vous dites ce que vous ferez aussitôt que vous aurez votre permis de conduire.

CHAPTER 18
Conditional

1. Conditional of Regular Verbs

The conditional of regular verbs is formed with the same stem as the future tense (the infinitive of the verb), to which endings identical to those of the imperfect indicative are added: *-ais, -ais, -ait, -ions, -iez, -aient*.

GAGNER to win	FINIR to finish	ATTENDRE to wait
I would win	I would finish	I would wait
je gagner*ais*	je finir*ais*	j' attendr*ais*
tu gagner*ais*	tu finir*ais*	tu attendr*ais*
il/elle gagner*ait*	il/elle finir*ait*	il/elle attendr*ait*
nous gagner*ions*	nous finir*ions*	nous attendr*ions*
vous gagner*iez*	vous finir*iez*	vous attendr*iez*
ils/elles gagner*aient*	ils/elles finir*aient*	ils/elles attendr*aient*

NOTE: 1. Verbs ending in *–re* drop the final *e* before the conditional ending.

vendre   je vendr*ais*   **prendre**   il prendr*ait*

2. Negative, interrogative, and negative interrogative constructions in the conditional follow the same rules as in the present tense.

Il ne vendrait pas sa voiture pour ce prix.
He would(n't) sell his car for that price.

(N') Aideriez-vous (pas) ces gens?
Would(n't) you help those people?

2. Spelling Changes in the Conditional

a. Most verbs with infinitives ending in *–yer* change *y* to *i* in the conditional.

employer to use
j' emplo*i*erais   nous emplo*i*erions
tu emplo*i*erais   vous emplo*i*eriez
il/elle emplo*i*erait   ils/elles emplo*i*eraient

NOTE: 1. Verbs with infinitives ending in *–ayer* may or may not change the *y* to *i* in all conditional-tense forms.

essayer to try	j'essaierais (essayerais), tu essaierais (essayerais), il/elle essaierait (essayerait), nous essaierions (essayerions), vous essaieriez (essayeriez), ils essaieraient (essayeraient)

2. The verb *envoyer* and its compound *renvoyer* (to send back) are irregular in the conditional.

| envoyer to send | j'enverrais, tu enverrais, il/elle enverrait, nous enverrions, vous enverriez, ils/elles enverraient |

b. Verbs with silent *e* in the syllable before the infinitive ending change silent *e* to *è* in the conditional.

| acheter to buy | j'achèterais, tu achèterais, il/elle achèterait, nous achèterions, vous achèteriez, ils/elles achèteraient |

c. In the conditional, verbs like *appeler* and *jeter* double the consonant before the infinitive ending.

| appeler to call | j'appellerais, tu appellerais, il/elle appellerait, nous appellerions, vous appelleriez, ils/elles appelleraient |

| jeter to throw | je jetterais, tu jetterais, il/elle jetterait, nous jetterions, vous jetteriez, ils/elles jetteraient |

EXERCISE A **La colère.** Exprimez ce que chaque personne ferait si elle voulait retenir sa colère en donnant la forme correcte du verbe au conditionnel.

1. (manger) Je _____ du chocolat.

2. (réagir) Ils ne _____ pas.

3. (promener) Vous _____ votre chien au parc.

4. (choisir) Nous _____ d'aller au gymnase.

5. (appeler) Elle _____ sa meilleure amie.

6. (boire) Elles _____ du thé.

7. (acheter) Tu t'_____ quelque chose.

8. (jeter) Il _____ une balle contre le mur.

3. Verbs Irregular in the Conditional

The following verbs have irregular stems in the conditional.

INFINITIVE	CONDITIONAL	INFINITIVE	CONDITIONAL
aller to go	j'irais	pleuvoir to rain	il pleuvrait
asseoir to seat	j'assiérais, j'assoirais	pouvoir to be able to	je pourrais
avoir to have	j'aurais	recevoir to receive	je recevrais
courir to run	je courrais	savoir to know	je saurais
devoir to have to	je devrais	tenir to hold	je tiendrais
envoyer to send	j'enverrais	valoir to be worth	je vaudrais
être to be	je serais	venir to come	je viendrais
faire to do	je ferais	voir to see	je verrais
falloir to be necessary	il faudrait	vouloir to want	je voudrais
mourir to die	je mourrais		

EXERCISE B **Des circonstances différentes.** Exprimez ce que ces personnes feraient dans ces circonstances en employant le conditionnel du verbe.

1. Si ma maison était en désordre, je (la nettoyer, jeter les ordures, faire mon lit)

2. S'il pleuvait, elles (ouvrir leurs parapluies, courir, marcher vite)

3. Si François n'entendait pas son réveil, il (être en retard, rater son bus, prendre le train)

4. Si nous mangions trop, nous (grossir, peser beaucoup, suivre un régime)

5. Si vous aviez du temps libre, vous (conduire en ville, acheter de nouveaux vêtements, envoyer une lettre à votre ami)

_____
_____
_____

6. Si tu n'étais pas fatigué, tu (aller au cinéma, vouloir m'aider, achever ton travail)

_____
_____
_____

4. Uses of the Conditional

a. The conditional expresses what would happen if certain conditions were fulfilled.

S'*il faisait chaud j'irais* à la plage.   *If the weather was hot, I would go to the beach.*

NOTE: 1. When "would" has the sense of "used to," the imperfect is used in French.

Quand j'étais jeune *je passais* **le samedi à lire.**   *When I was young I would (used to) spend Saturday reading.*

2. When "would" has the sense of "to be willing" (to want), the imperfect or the *passé composé* of the verb *vouloir* is used in French.

Il *ne voulait pas* aller au cinéma.
Il *n'a pas voulu* aller au cinéma.   *He wouldn't (wasn't willing to) go to the movies.*

3. When "could" has the sense of "should be able to," the conditional of the verb *pouvoir* is used. When "could" means "was able to," the imperfect or the *passé composé* of *pouvoir* is used.

Je *pourrais* t'aider.   *I could (should be able to) help you.*

Je *ne pouvais pas* t'aider.
Je *n'ai pas pu* t'aider.   *I couldn't (wasn't able to) help you.*

b. The conditional is also used to make a request or a demand more polite.

Je voudrais **vous parler.**   *I would like to speak to you.*
Elle aimerait **rester.**   *She would like to stay.*
Pourrais-tu **me rendre un service?**   *Could you do me a favor?*

EXERCISE C La visite d'un correspondant. Votre correspondant voudrait vous rendre visite. Exprimez les questions que vous lui posez.

EXAMPLE: que/préférer manger
Que **préférerais-tu** manger?

1. quand/venir chez moi

2. en quel mois/faire le voyage

3. quels vêtements/acheter pour le voyage

4. comment/pouvoir voyager

5. quel vol/prendre

6. combien d'argent/emporter

7. quels monuments/vouloir visiter

8. que/aimer aller voir

5. Conditional Sentences

A conditional sentence consists of a condition clause (*si* clause) and a result clause.

a. Real Conditions

A condition that describes what is possible or likely is called a real condition:

Si *tu étudies* beaucoup, *tu recevras*   *If you study a lot, you will receive good*
   de bonnes notes.   *grades.*

To express a real condition, French uses the present indicative in the *si* clause and the present, future, or imperative in the result clause.

Si *tu veux,* **je peux** *t'accompagner* **au match de football.**	*If you want, I can accompany you to the soccer match.*
S'*il fait* **beau,** *je me promènerai* **dans le parc.**	*If the weather is nice, I will take a walk in the park.*
Ne *sors* **pas si** *tu te sens* **mal.**	*Don't go out if you don't feel well.*

NOTE: *Si* becomes *s'* only before *il* and *ils*.

si + il(s) = s'il(s)

But:

si + elle(s) = si elle(s)

EXERCISE D Le choix. Exprimez ce que ces personnes feraient si elles avaient le choix.

1. Si vous préférez aller au cinéma, —————— -le-moi.
   dire

2. Si je —————— de bonne notes, mes parents sont fiers de moi.
   recevoir

3. S'il fait beau, elle —————— en ville.
   aller

4. Si c'est son anniversaire, ses amis l' —————— un cadeau.
   envoyer

5. Si tu es malade, —————— au lit.
   rester

6. Si nous —————— fatigués, nous ne travaillons pas.
   être

---

b. Contrary-to-Fact Conditions

A conditional sentence that describes a situation that is impossible or unlikely is called "unreal" or "contrary to fact".

Si *j'avais* **assez d'argent,** *je m'achèterais* **un château en France.**	*If I had (were to have) enough money, I would buy myself a castle in France.*

To express a contrary-to-fact condition, French uses the imperfect in the *si* clause and the conditional in the result clause.

S'*il avait* **le temps,** *il peindrait* **sa maison.**	*If he had (were to have) the time, he would paint his house.*

NOTE: In conditional sentences, *si* always means "if." When *si* means "whether," it may be followed by any tense, just as in English.

Il *ne savait* **pas s'***il assisterait* **à la conférence.**	*He didn't know whether he would attend the conference.*
Savez-vous **si** *elle a achevé* **le travail?**	*Do you know whether she finished the work?*

EXERCISE E   **Les professions.** Exprimez ce que chaque personne ferait si elle avait le métier indiqué.

EXAMPLE: je (professeur/enseigner la biologie)
    Si j'étais professeur, **j'enseignerais** la biologie.

1. tu (pâtissier/faire des gâteaux)

2. elle (médecin/guérir les malades)

3. vous (chauffeur/conduire une voiture)

4. je (bijoutier/vendre des diamants)

5. elles (hôtesses de l'air/aller partout)

6. il (maire/savoir gouverner)

7. nous (poètes/écrire des poèmes)

8. ils (agents de police/protéger les gens)

EXERCISE F   **Les possibilités.** Travailler avec un(e) camarade de classe. Écrivez une liste où vous indiquez ce que vous feriez s'il n'y avait pas de classes demain.

EXERCISE G **La tristesse.** Écrivez un paragraphe où vous expliquez ce que vous feriez si vous étiez triste et vouliez vous sentir mieux.

Si j'étais triste et voulais me sentir mieux, je

Chapter 19
Pluperfect, Future Perfect, and Past Conditional Tenses

1. Simple and Compound Tenses Compared

For each of the following simple tenses, there is a corresponding compound tense:

	SIMPLE TENSE	
IMPERFECT	j'aidais	I helped / I was helping
FUTURE	j'aiderai	I will help / I shall help
CONDITIONAL	j'aiderais	I would help

	COMPOUND TENSE	
PLUPERFECT	j'avais aidé	I had helped / I had been helping
FUTURE PERFECT	j'aurai aidé	I will have helped / I shall have helped
PAST CONDITIONAL	j'aurais aidé	I would have helped

NOTE: Compound tenses are formed by combining the appropriate tense of the helping verb *avoir* or *être* and the past participle. For choice of helping verb, formation of negative/interrogative sentences, and for agreement of past participle, compound tenses follow the rules of the *passé composé* (see Chapter 13).

(1) In forming the negative and interrogative of compound tenses, only the helping verb is affected:

Il *n'avait pas* suivi son régime.	*He hadn't followed his diet.*
Ne seront-ils *pas* rentrés avant midi?	*Won't they have returned home before noon?*
Vous *auraient*-elles écouté?	*Would they have listened to you?*

(2) Past participles conjugated with *avoir* agree in gender and number with a preceding direct object:

| **Voici *les boucles d'oreille* qu'il m'avait envoy*ées*.** | *Here are the earrings he had sent me.* |

Quels *romans* aurais-tu choisis de lire? Which novels would you have chosen to read?

(3) Past participles conjugated with *être* agree in gender and number with the subject:

Ils ne seraient pas arrivés en retard. They wouldn't have arrived late.

2. Pluperfect (*Plus-que-parfait*)

The pluperfect is formed as follows:

imperfect of *avoir* or *être* + past participle

had spoken (acted, heard)		had fallen	
j' avais	} parlé (agi, entendu)	j'	étais tombé(e)
tu avais		tu	étais tombé(e)
il/elle avait		il	était tombé
nous avions		elle	était tombée
vous aviez		nous	étions tombé(e)s
ils/elles avaient		vous	étiez tombé(e)(s)
		ils	étaient tombés
		elles	étaient tombées

NOTE: The pluperfect is used to describe an action that had been completed in the past before another past action took place:

Il *m'a montré* les manuscrits que vous lui *aviez envoyés*. He showed me the manuscripts you had sent him.

J'*avais soif* parce que je *n'avais rien bu* depuis le matin. I was thirsty because I hadn't drunk anything since the morning.

EXERCISE A **Le club de français.** Exprimez ce que ces élèves avaient fait pour établir un club de français. Employez le plus-que-parfait du verbe.

1. (écrire)   Tu _____ des brochures.

2. (peindre) J' _____ des affiches.

3. (pendre)   Charles et moi _____ des annonces publicitaires.

4. (avertir) Vous _____ tous les élèves.

5. (fixer)   Alain _____ la date des réunions.

6. (lire)   Maxine et Jeanne _____ un message au haut-parleur.

3. Future Perfect (*Futur antérieur*)

The future perfect is formed as follows:

future of *avoir* or *être* + past participle

will have spoken (acted, heard)	will have gone out
j' aurai \\ tu auras \\ il/elle aura } parlé (agi, entendu) \\ nous aurons \\ vous aurez \\ ils/elles auront /	je serai sorti(e) \\ tu seras sorti(e) \\ il sera sorti \\ elle sera sortie \\ nous serons sorti(e)s \\ vous serez sorti(e)(s) \\ ils seront sortis \\ elles seront sorties

The future perfect is used to describe an action or event that will have been completed in the future:

Ils *seront* déjà *partis* d'ici une heure.   *They will have already left an hour from now.*

Je *n'aurai pas reçu* de leurs nouvelles avant midi.   *I will not have received news from them before noon.*

NOTE: 1. Often the future perfect is used after the conjunctions *quand, lorsque, dès que, aussitôt que, après que*:

Dès que (Aussitôt que) j'aurai fait le ménage, je sortirai.   *As soon as I will have done the housework, I will go out.*

Je t'aiderai *après que tu auras essayé* de faire le travail toi-même.   *I will help you after you will have tried to do the work yourself.*

2. The future perfect is used to express probability or supposition in the past:

Elle est arrivée très tôt. Elle *aura couru*.   *She arrived very early. She must have run.*

Il *sera tombé* quelque chose.   *Something must have fallen.*

EXERCISE B   Les accomplissements. Exprimez ce que ces élèves auront accompli avant la fin de la journée. Employez le futur antérieur.

1. tu/apprendre les nouveaux mots de vocabulaire

   _____

2. Bernard/écrire deux compositions en français

   _____

3. vous/faire une présentation en classe

_____

4. je/voir un film français en classe

_____

5. nous/recevoir de bons bulletins scolaires

_____

6. Lise et Carine/avoir une fête dans leur classe d'histoire

_____

4. Past Conditional (*Conditionnel passé*)

The past conditional is formed as follows:

conditional of *avoir* or *être* + past participle

would have spoken (acted, heard)	would have come back
j' aurais ⎫	je serais revenu(e)
tu aurais ⎪	tu serais revenu(e)
il/elle aurait ⎬ parlé (agi, entendu)	il serait revenu
nous aurions ⎪	elle serait revenue
vous auriez ⎪	nous serions revenu(e)s
ils/elles auraient ⎭	vous seriez revenu(e)(s)
	ils seraient revenus
	elles seraient revenues

The past conditional is used to describe an action or event that would have been completed in the past had something else happened:

**Avec plus d'argent, elle *aurait acheté*
une voiture plus chère.**

*With more money she would have bought
a more expensive car.*

**Il m'*aurait écrit* un message par courrier
électronique, mais il n'a pas eu le temps.**

*He would have written me an e-mail, but
he didn't have the time.*

EXERCISE C   La fatigue. Exprimez ce que ces personnes auraient fait si elles n'étaient pas fatiguées. Employez le conditionnel passé.

1. Tu ―――――――――― ta chambre.
          peindre

2. Patrick et Serge _____(pouvoir)_____ s'entraîner.

3. Nous _____(courir)_____ dans le parc.

4. Liliane _____(lire)_____ un roman.

5. Vous _____(vouloir)_____ aller au théâre.

6. Je _____(conduire)_____ en ville.

5. Compound Tenses in Conditional Sentences

To express a contrary-to-fact condition in the past, French uses the pluperfect in the *si* clause and the conditional perfect in the result clause:

$$Si + \text{Pluperfect} \longrightarrow \text{Conditional perfect}$$

Si j'avais eu confiance en moi, j'aurais parlé devant la classe.
If I had had confidence, I would have spoken in front of the class.

Tu n'aurais pas gagné le prix si tu avais couru moins vite.
You wouldn't have won the prize if you had run less quickly.

EXERCISE D *Si la vie était différente.* Exprimez ce que ces personnes auraient fait si leurs vies étaient différentes.

1. (faire/devenir) Si Lisette _____ un bon travail, elle _____ chef de son département.

2. (réussir/craindre) Vous _____ si vous ne _____ pas _____ la compétition.

3. (être/prendre) Il _____ riche s'il _____ de meilleures décisions.

4. (arriver/recevoir) Si tu _____ à l'heure au travail, tu _____ une augmentation de salaire.

5. (avoir/monter) Si j'en _____ envie, je _____ dans la hiérarchie de l'entreprise.

6. (aller/apprendre) Nous _____ à l'étranger si nous _____ une langue étrangère.

EXERCISE E **Avant la fin de l'année scolaire.** Travaillez avec un(e) camarade de classe. Faites une liste de ce que vous aurez achevé avant la fin de l'année scolaire.

_____

_____

_____

_____

_____

EXERCISE F **Un changement de nationalité.** Écrivez une composition où vous expliquez en quoi votre vie serait différente si vous étiez né(e) en France.

_____

_____

_____

_____

_____

CHAPTER 20
Present and Perfect Participles

The present participle for all French verbs ends in *-ant* (equivalent to English *-ing*).

1. Forms of the Present Participle

a. The present participle of almost all French verbs is formed by replacing the *-ons* of the *nous* form of the present tense with *-ant*.

INFINITIVE	NOUS FORM	PRESENT PARTICIPLE	
chanter	chantons	chantant	*singing*
remplir	remplissons	remplissant	*filling*
attendre	attendons	attendant	*waiting*
offrir	offrons	offrant	*offering*
avancer	avançons	avançant	*advancing*
manger	mangeons	mangeant	*eating*
répéter	répétons	répétant	*repeating*
appeler	appelons	appelant	*calling*
jeter	jetons	jetant	*throwing*
essayer	essayons	essayant	*trying*

NOTE: The present participle is used much less in French than in English. Many English words ending in *-ing* are not equivalent to French present participles:

Voir c'est croire. *Seeing is believing.*

La natation est mon sport préféré. *Swimming is my favorite sport.*

b. Irregular Present Participles:

INFINITIVE	PRESENT PARTICIPLE	
avoir	ayant	*having*
être	étant	*being*
savoir	sachant	*knowing*

EXERCISE A   **Des conséquences inattendues.** Combinez les phrases pour exprimer ce qui est arrivé à M. Lévêque.

EXAMPLE: Il marchait dans la rue. Il est tombé.

En marchant dans la rue il est tombé.

1. Il courait dans le parc. Il a trouvé un billet de vingt euro.

2. Il essayait de finir son travail. Il a oublié de téléphoner à un client.

3. Il conduisait au bureau. Il a eu un accident de voiture.

4. Il savait que c'était une mauvaise idée. Il s'est disputé avec son chef.

5. Il prononçait un mot français. Il a fait une faute.

6. Il finissait un message à un collègue. Il a reçu un coup de téléphone.

2. Uses of the Present Participle

a. Some present participles may be used as adjectives. They generally follow the noun or pronoun they modify and agree with them in gender and number.

Il m'a donné des *conseils rassurants*.	*He gave me reassuring advice.*
Cette *idée* est *intimidante*.	*That idea is intimidating.*

b. The present participle, when preceded by the preposition *en*, is often equivalent to while, by, in, upon + an English present participle.

En marchant dans la rue, elle a trouvé un billet de cinq dollars.	*While walking in the street, she found a five dollar bill.*
En étudiant une langue étrangère, vous pouvez apprendre beaucoup.	*By studying a foreign language, you can learn a lot.*
En arrivant à la maison, il a ouvert le courrier.	*Upon arriving home, he opened the mail.*

NOTE: The word *tout* is sometimes used before the preposition *en* to add emphasis.

Elle fait ses devoirs *tout en* écoutant la radio.	*She does her homework all the (even) while listening to the radio.*

c. The present participle may also be used without the preposition *en*.

Étant nerveuse, elle a commencé à ronger ses ongles.	*Being nervous, she began to bite her nails.*
Elle est sortie, *laissant* la porte du garage ouverte.	*She went out, leaving the garage door open.*

NOTE:
1. When the present participle has a verbal function, it is invariable. There is no agreement of the present participle with the subject.

   Compare:
Il a vu une pièce passionnante.	*He saw a fascinating play.*
Elle est partie en pleurant.	*She left crying.*

2. The present participle may be used to replace a relative clause (*qui* + verb), although this usage is infrequent.

   Un homme *qui porte* une cravate bleue court après le bus.
   Un homme *portant* une cravate bleue court après le bus.
   A man wearing a blue tie is running after the bus.

EXERCISE B — **En même temps.** Exprimez ce que ces personnes ont réussi à faire en même temps.

EXAMPLE: il a rougi/raconter l'histoire embarrassante
Il a rougi tout **en racontant** l'histoire embarrassante.

1. il est sorti/rire

2. elle est arrivée/pleurer

3. nous avons travaillé/manger un sandwich

4. j'ai fait mes devoirs/regarder la télévision

5. vous avez souri/trahir votre ami

6. tu as acheté des cigarettes/renoncer à fumer

3. Perfect Participle

The perfect participle is formed with the present participle of the appropriate helping verb and the past participle.

Present and Perfect Participles 177

INFINITIVE	PRESENT PARTICIPLE	
choisir	ayant choisi	having chosen
arriver	étant arrivé	having arrived

Ayant mangé son dîner, Claude s'est assis pour lire le journal.
Having eaten his dinner, Claude sat down to read the newspaper.

Étant rentré très tard, M. Legendre s'est couché tout de suite.
Having returned home very late, Mr. Legendre went to bed immediately.

NOTE: 1. The perfect participle is used instead of the present participle to show that one action occurred before another.

Ayant fini son travail, il a quitté son bureau.
Having finished his work, he left his office.

2. Past participles in this construction follow the regular rules of agreement.

Étant rentrée très tard, Mme Legendre s'est couchée tout de suite.
Having returned home very late, Mrs. Legendre went to bed immediately.

EXERCISE C   Les Caron. Exprimez ce que les Caron ont fait.

EXAMPLE: (être) _____ malade, Claude est resté à la maison.
Ayant été malade, Claude est resté à la maison.

1. (recevoir) _____ un coup de téléphone de sa femme, M. Caron l'a rappelée.

2. (oublier) _____ leurs clefs à la maison, Hervé et Luc sont rentrés.

3. (partir) _____ sans expliquer pourquoi, Janine et Paulette ont laissé un message.

4. (rester) _____ à la maison, Mme Caron a décidé de faire le ménage.

5. (finir) _____ son travail de bonne heure, M. Caron a quitté son bureau.

6. (arriver) _____ tôt au restaurant, les Caron ont attendu avec patience.

EXERCISE D   Comment on fait telle ou telle chose. Travaillez avec un(e) camarade de classe. Décrivez comment vos autres camarades font certaines choses.

EXAMPLE: **Charles travaille en sifflant.**

_____

_____

EXERCISE E Comment vous faites les choses. Écrivez une note à un(e) ami(e) où vous exprimez comment vous faites les activités quotidiennes.

EXAMPLE: **Je fais mes devoirs en écoutant la radio.**

CHAPTER 21
Reflexive Verbs

1. Reflexive Verbs in Simple Tenses

a. In a reflexive construction, the action is performed by the subject upon itself. The reflexive verb has a reflexive pronoun as its direct or indirect object. Thus, the subject and the pronoun object refer to the same person(s) or thing(s): *I wash myself*. The infinitive of a reflexive verb can be identified by the *se* that precedes it.

PRESENT TENSE			
je	me	lave	I wash (am washing) myself
tu	te	laves	you wash (are washing) yourself
il/elle	se	lave	he/she washes (is washing) himself/herself
nous	nous	lavons	we wash (are washing) ourselves
vous	vous	lavez	you wash (are washing) yourself/yourselves
ils/elles	se	lavent	they wash (are washing) themselves

NOTE: The reflexive pronouns *me, te, se, nous,* and *vous*, like other personal object pronouns, normally precede the conjugated verb.

b. Negative, interrogative, and negative interrogative constructions follow the same rules as regular verbs. The reflexive pronouns remain before the verb.

Ils ne se lèvent pas.   *They aren't getting up.*
(Ne) te lèves-tu (pas)?   *Are(n't) you getting up?*

c. Rules that apply to the present tense apply to reflexive verbs in all simple tenses.

IMPERFECT:	**Je (ne) me couchais (pas).**	*I was(n't) going to bed.*
FUTURE:	**(Ne) Se reposeront-ils (pas)?**	*Will (Won't) they rest?*
CONDITIONAL:	**(Ne) Se fâcherait-il (pas)?**	*Would(n't) he get angry?*

d. Common Reflexive Verbs

s'acheter *to buy for oneself*	**se blesser** *to hurt oneself*
s'agir de *to be a question of*	**se bronzer** *to tan*
s'améliorer *to improve*	**se brosser** *to brush*
s'amuser à *to have fun, enjoy*	**se brûler** *to burn oneself*
s'apercevoir de *to realize, become aware of*	**se cacher** *to hide oneself*
s'appeler *to be named*	**se casser** *to break*
s'approcher de *to approach, come near*	**se changer (de)** *to change clothes*
s'arrêter de *to stop*	**se coiffer** *to do one's hair*
s'asseoir *to sit*	**se conduire** *to behave*
s'attendre à *to expect*	**se contenter de** *to be satisfied with*
se baigner *to bathe*	**se coucher** *to go to bed*
se battre *to fight*	**se couper** *to cut oneself*

se décider à *to decide*	**se passer** *to happen*
se déguiser (en) *to disguise oneself (as)*	**se passer de** *to do without*
se demander *to wonder*	**se peigner** *to comb*
se dépêcher (de) *to hurry*	**se plaindre (de)** *to complain (about)*
se déshabiller *to undress*	**se plaire (à)** *to enjoy, be fond (of)*
se dire *to tell oneself*	**se préparer (à)** *to get ready (to)*
se disputer *to quarrel*	**se présenter** *to introduce oneself*
se douter de *to suspect*	**se promener** *to take a walk*
s'échapper *to escape*	**se rappeler (de)** *to remember*
s'écrire *to write to one another*	**se raser** *to shave*
s'éloigner (de) *to move away (from)*	**se réconcilier** *to reconcile*
s'embrasser *to hug, kiss*	**se regarder** *to look at oneself/each other*
s'endormir *to go to sleep*	**se rencontrer** *to meet*
s'ennuyer (à/de) *to get bored*	**se reposer** *to rest*
s'entendre *to get along*	**se résigner à** *to resign oneself to*
s'entraider *to help one another*	**se respecter** *to respect oneself/one another*
s'étonner (de) *to be surprised (at)*	**se retrouver** *to meet again, be back again*
s'exercer (à) *to practice*	**se réunir** *to meet*
s'exprimer *to express oneself*	**se réveiller** *to wake up*
se fâcher (contre) *to get angry (with)*	**se sauver** *to run away*
se fiancer (avec) *to get engaged (to)*	**se sentir** *to feel*
s'habiller *to dress*	**se servir de** *to use*
s'habituer à *to get used to*	**se souvenir de** *to remember*
s'impatienter *to become impatient*	**se spécialiser en** *to specialize in*
s'inquiéter (de) *to worry (about)*	**se taire** *to be quiet, become silent*
s'installer *to settle down, to set up shop*	**se téléphoner** *to telephone each other*
se laver *to wash*	**se tromper** *to be mistaken*
se lever *to get up*	**se trouver** *to be, happen to be*
se loger *to lodge*	**se vanter (de)** *to boast (of)*
se maquiller *to put on makeup*	**se voir** *to see one another*
se marier (avec) *to get married (to)*	
se mettre à *to begin to*	
s'occuper de *to take care of*	
se parler *to talk to oneself/each other*	

EXERCISE A Une maladie. Demandez si ces personnes font certaines choses quand elles sont malades. Donnez les réponses indiquées.

EXAMPLE: il/se lever tôt (non)
Se lève-t-il tôt?
Non, **il ne se lève pas** tôt.

1. elle/se maquiller (non)

2. ils/se raser (non)

3. vous/se baigner (oui)

4. nous/se coiffer (non)

5. tu/s'habiller (oui)

6. elles/se coucher (oui)

2. Reflexive Verbs in Compound Tenses

Compound tenses of reflexive verbs are formed with *être*.

PASSÉ COMPOSÉ
je me suis lavé(e)
tu t'es lavé(e)
il s'est lavé
elle s'est lavée
nous nous sommes lavé(e)s
vous vous êtes lavé(e)(s)
ils se sont lavés
elles se sont lavées

PLUS-QUE-PARFAIT
je m'étais lavé(e)
tu t'étais lavé(e)
il s'était lavé
elle s'était lavée
nous nous étions lavé(e)s
vous vous étiez lavé(e)(s)
ils s'étaient lavés
elles s'étaient lavées

FUTUR ANTÉRIEUR
je me serai lavé(e)
tu te seras lavé(e)
il se sera lavé
elle se sera lavé(e)
nous nous serons lavé(e)s
vous vous serez lavé(e)(s)
ils se seront lavés
elles se seront lavées

CONDITIONNEL PASSÉ
je me serais lavé(e)
tu te serais lavé(e)
il se serait lavé
elle se serait lavée
nous nous serions lavé(e)s
vous vous seriez lavé(e)(s)
ils se seraient lavés
elles se seraient lavées

NOTE:
1. In compound tenses, the reflexive pronoun precedes the helping verb. In the negative, *ne* precedes the reflexive pronoun and *pas* follows the helping verb:

Je *me suis* dépêché(e).	*I hurried.*
Nous *ne nous serions pas* dépêché(e)s.	*We would not have hurried.*

2. In the interrogative, the subject pronoun and the helping verb are inverted and the reflexive pronoun remains before the helping verb:

***T'es-tu* dépêché(e)?**	*Did you hurry?*
Ne *s'étaient-ils* pas dépêchés?	*Hadn't they hurried?*

3. When the reflexive pronoun represents a direct object, the past participle agrees with the reflexive pronoun:

Elles *se sont maquillées*.	*They put on (their) makeup.*
Ils *se sont vus* hier.	*They saw (each other) yesterday.*
Les enfants *se sont couverts* de neige.	*The children covered themselves with snow.*

4. When the reflexive pronoun represents an indirect object, the past participle remains unchanged:

Elle s'est *lavé* la figure.	*She washed her face.*
Elle s'est *lavé* des légumes.	*She washed some vegetables for herself.*
Elles se sont *téléphoné*.	*They telephoned each other.*
Nous nous sommes *envoyé* un cadeau.	*We sent each other a gift.*

5. A preceding direct object requires the agreement of the past participle in a clause with an indirect reflexive object pronoun:

J'ai relu *les cartes que* nous *nous sommes envoyées*.	*I reread the cards we sent to each other.*

6. When the reflexive pronoun represents neither a direct nor an indirect object, the past participle generally agrees with the subject:

Elle ne s'est pas souvenue de la date. *She didn't remember the date.*

Elles se sont servies d'un ordinateur. *They used a computer.*

EXERCISE B Les réactions. Exprimez comment différentes personnes ont réagi à différentes situations. Employez le passé composé de chaque verbe.

| se bronzer | se réconcilier | se retrouver | se tromper |
| se plaindre | se reposer | se sauver | se vanter |

1. Elle a reçu un prix et elle _____.

2. Il a eu un problème au travail et il _____ au chef du personnel.

3. Elles ont vu un crime dans la rue et elles _____.

4. Je suis devenue fatiguée et je _____.

5. Ils ont été séparés mais finalement ils _____.

6. J'ai eu une dispute avec mon ami et deux jours après nous _____.

7. Tu as fait de mauvais calculs. Enfin tu as avoué que tu _____.

8. Vous êtes allés à la plage et vous avez attrapé des coups de soleil. C'est certain que vous _____.

3. Reflexive Commands

In negative commands, reflexive pronouns precede the verb. In affirmative commands, reflexive pronouns follow the verb. After the imperative, *toi* is used instead of *te*.

NEGATIVE COMMAND	
Ne t'inquiète pas!	Don't worry!
Ne vous inquiétez pas!	Don't worry!
Ne nous inquiétons pas!	Let's not worry!

AFFIRMATIVE COMMAND	
Lave-toi!	Wash!
Lavez-vous!	Wash!
Lavons-nous!	Let's get washed!

EXERCISE C Une interview. Exprimez ce qu'un ami vous suggère de faire pour vous préparer pour une entrevue.

EXAMPLE: se raser le matin/pas la veille de l'entrevue
Rase-toi le matin. Ne te rase pas la veille de l'entrevue.

184 Chapter 21

1. se préparer à l'avance/pas à la dernière minute

2. se réveiller de bonne heure/pas tard

3. s'inquiéter des choses importantes/pas de bêtises

4. s'exprimer bien/pas mal

5. s'habiller en costume/pas en jean

6. se comporter sérieusement/pas comiquement

4. Reflexive Constructions With Infinitives and Participles

a. When used with an infinitive, the reflexive pronoun precedes the infinitive and agrees with the subject of the sentence.

Ils vont *s'amuser* à la fête. *They are going to have fun at the party.*
Il ne va pas *se raser*. *He isn't going to shave.*

b. When used with a present or perfect participle, the reflexive pronoun precedes the participle.

Il est tombé en *se dépêchant*. *He fell while hurrying.*
***S'étant* préparées à l'avance, elles avaient l'air assuré.** *Having prepared themselves in advance, they looked confident.*

EXERCISE D Zut! J'ai oublié quelque chose. Exprimez ce que ces personnes ne peuvent pas faire aujourd'hui ayant oublié quelque chose à la maison.

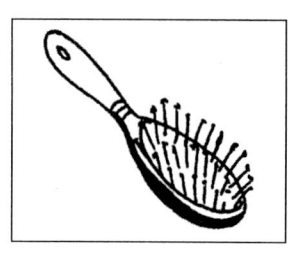

EXAMPLE: elles
Elles ne peuvent pas se brosser les cheveux.

Reflexive Verbs **185**

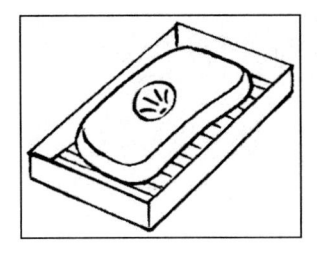

1. je _____

2. vous _____

3. elle _____

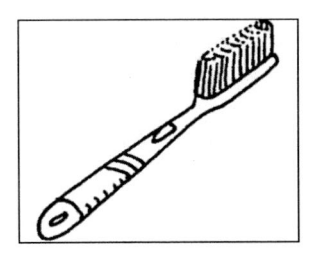

4. nous _____

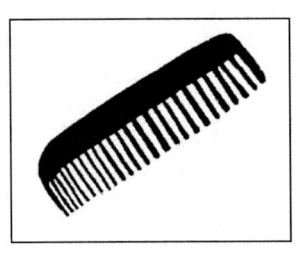

5. tu _____

6. elles _____

EXERCISE E — **On fait deux choses à la fois.** Exprimez ce que ces personnes faisaient à la fois.

EXAMPLE: il/se regarder dans le miroir/se raser
Il se regardait dans le miroir en se rasant.

1. vous/rougir/vous fâcher

2. je/rêver/s'endormir

3. ils/marmonner/s'exprimer

4. nous/rire/s'amuser

5. la petite enfant/jouer/se baigner

6. tu/respirer de l'air frais/se promener

5. Uses of Reflexive Verbs

a. Most French verbs that take an object, direct or indirect, may be made reflexive:

La mère lave ses petits enfants.	*The mother washes her little children.*
La mère se lave.	*The mother washes herself.*
J'écris une note à mon amie.	*I write a note to my friend.*
Je m'écris une note.	*I write myself a note.*

b. Some verbs have different meanings when used reflexively:

BASIC MEANING	REFLEXIVE MEANING
agir *to act*	**(il) s'agir de** *to be a question of*
apercevoir *to see, notice*	**s'apercevoir de** *to realize*
attendre *to wait for*	**s'attendre à** *to expect*
battre *to beat*	**se battre** *to fight*
changer *to replace, alter*	**se changer de** *to change clothes*
demander *to ask*	**se demander** *to wonder*

BASIC MEANING	REFLEXIVE MEANING
douter de *to doubt, question*	**se douter de** *to suspect*
occuper *to occupy*	**s'occuper de** *to take care of*
passer *to pass, spend time*	**se passer de** *to do without*
rappeler *to call again*	**se rappeler** *to remember, recall*
servir *to serve*	**se servir de** *to use*
tromper *to deceive*	**se tromper** *to be mistaken*

c. A verb that is reflexive in French need not be reflexive in English:

Je *m'attends* à réussir.	*I expect to succeed.*
Te *rappelles-tu* son nom?	*Do you remember his name?*

d. Some verbs are always used reflexively in French but not usually in English:

s'écrier *to exclaim*	**se fier à** *to trust*
s'écrouler *to collapse*	**se lamenter** *to lament, grieve*
s'efforcer de *to strive to*	**se méfier de** *to distrust*
s'empresser de *to hasten to*	**se moquer de** *to make fun of*
s'en aller *to leave, go away*	**se soucier de** *to care about*
s'enfuir *to flee*	**se souvenir de** *to remember*
s'évanouir *to faint*	

e. In a reflexive construction, to indicate possession, the definite article is used instead of the possessive adjective with parts of the body:

Je me suis cassé *le bras*.	*I broke my arm.*
Elle se brosse *les dents*.	*She brushes her teeth.*

f. Reflexive verbs in the plural may express reciprocal action corresponding to English *each other, one another*:

Ils *s'aiment*.	*They love one another.*
Elles ne *se parlent* pas.	*They do not speak to each other.*

NOTE: The phrase *l'un(e) l'autre* (each other) or *les un(e)s les autres* (one another) may be added to clarify or reinforce the meaning of the reflexive pronoun:

Les garçons se parlent. { *The boys speak to each other.* / *The boys speak to themselves.* }

Les garçons se parlent *les uns aux autres*. *The boys speak to each other.*

EXERCISE F   **Des actions différentes.** Exprimez ce que chaque personne fait en utilisant le verbe approprié.

agir/s'agir	battre/se battre	douter/se douter
appeler/s'appeler	demander/se demander	servir/se servir
attendre/s'attendre		

188 Chapter 21

EXAMPLE: Il **appelle** son ami qui **s'appelle** Richard.

1. Mon cœur _____ très fort quand je _____ avec un ami.

2. Il _____ de comment il _____ quand il est fâché.

3. Nous _____ si nous _____ trop de nos amis.

4. Tu _____ que ton ami _____ de ton honnêteté.

5. Vous _____ avec impatience parce que vous _____ à recevoir une lettre importante.

6. Quand elles _____ le dîner elles _____ toujours d'un plateau.

EXERCISE G   Les amoureux.   Exprimez ce que feront les amoureux.

EXAMPLE: s'entraider   **Ils s'entraideront.**

1. se regarder tout le temps
   _____

2. se parler tous les jours
   _____

3. se fiancer
   _____

4. se marier
   _____

5. se respecter
   _____

6. se souvenir de tout
   _____

EXERCISE H   Un rendez-vous.   Travaillez avec un(e) camarade de classe. Écrivez une liste de six choses qu'on ferait pour se préparer pour son premier rendez-vous avec un(e) ami(e).

_____

_____

_____

EXERCISE 1 **Le mariage.** Votre sœur va se marier. Écrivez une note à un(e) ami(e) indiquant comment vous allez vous préparer pour cet événement.

CHAPTER 22
Passive Constructions

In the active voice, the subject generally performs some action. In the passive voice, the subject is acted upon:

ACTIVE: **Les élèves font les exercices.** *The students do the exercises.*

PASSIVE: **Les exercices sont faits par les élèves.** *The exercises are done by the students.*

1. Forms and Use of the Passive

The passive construction in French is similar to English: subject + form of *être* + past participle + *par* + agent (doer) if the agent is mentioned:

Il a été frappé par un ballon.	*He was hit by a ball.*
La chambre avait été peinte par Louis.	*The room had been painted by Louis.*
Le dîner sera servi bientôt	*Dinner will be served soon.*
Ces églises furent construites au XVIIIe siècle.	*Those churches were built in the 18th century.*

NOTE: 1. In the passive, since the past participle is conjugated with *être*, it agrees in gender and number with the subject.

2. The agent is preceded by *par*. With certain verbs, *par* may be replaced by *de*:

Elle était admirée de toutes ses amies.	*She was admired by all her friends.*
Ils seront accompagnés de leurs parents.	*They will be accompanied by their parents.*
Elles sont aimées de tous leurs élèves.	*They're loved by all their students.*

EXERCISE A Une interro de culture. Exprimez par qui ces choses ont été faites.

EXAMPLE: La Louisiane/explorer/La Salle
La Louisiane a été explorée par La Salle.

1. *Le Penseur* et *Le Baiser*/sculpter/Rodin

_____

2. Une grande tour/bâtir/Gustave Eiffel

_____

3. L'opéra *Manon*/composer/Massenet

4. *L'Étranger* et *La Peste*/écrire/Camus

5. La photographie/perfectionner/Daguerre

6. Le radium/découvrir/les Curie

7. Un système de lecture pour les aveugles/développer/Braille

8. Les danseuses/peindre/Degas

EXERCISE B **Noël.** Exprimez par qui ces choses seront faites pour célébrer Noël.

EXAMPLE: Maman va choisir les décorations.
Les décorations seront choisies par maman.

1. Papa va ranger la maison.

2. Maman va préparer le dîner.

3. Les enfants vont décorer l'arbre de Noël.

4. Les parents vont acheter les cadeaux.

5. Jean et Marie vont écrire les cartes.

6. Louise va nettoyer la cheminée.

192 Chapter 22

EXERCISE C   **Le mauvais temps.** Exprimez ce qui se serait passé s'il avait fait mauvais.

EXAMPLE: (éclater)   Un orage _____.
                    Un orage **aurait éclaté.**

1. (tomber)   Les feuilles _____.

2. (souffler)   Le vent _____.

3. (rester)   Les gens _____ à la maison.

4. (être)   Les rues _____ désertes.

5. (couvrir)   Les nuages _____ le ciel.

6. (descendre)   Un brouillard _____.

2. Substitute Constructions for the Passive

The passive is used less frequently in French than in English. The following active constructions are generally substituted for the passive.

   a. An active construction with the pronoun *on* followed by the third-person singular of the verb:

Ici *on parle* **français.**	*French is spoken here.*
Est-ce qu'*on a tout vu***?**	*Has everything been seen?*
On avait lavé **la voiture.**	*The car had been washed.*
On fera **le travail.**	*The work will be done.*
Peut-on **l'aider?**	*Can he/she be helped?*

EXERCISE D   **Un vol.** M. Lemaître a commis un vol. Exprimez les résultats de ses actions.

EXAMPLE: Ses droits ont été protégés.
          On a protégé ses droits.

1. Son revolver a été découvert dans sa poche.

   _____

2. Les bijoux volés ont été retrouvés dans sa voiture.

   _____

3. L'argent volé a été pris dans son sac.

   _____

4. Sa voiture a été examinée.
___

5. Ses empreintes digitales ont été relevées au lieu du crime.
___

6. Ses complices ont été questionnés.
___

    b. Some passive constructions may be replaced by a reflexive verb:

Est-ce que les journaux se vendent ici?	*Are newspapers sold here?*
Elle s'appelle Georgette.	*She is called (Her name is) Georgette.*
Le français se parle en Afrique.	*French is spoken in Africa.*
Beaucoup de bonbons se trouvaient dans sa poche.	*Many candies were found in his pocket.*
Tout à coup la lumière s'est éteinte.	*Suddenly the light went out.*

EXERCISE E   **On fait les courses.**   Exprimez dans quel magasin on peut acheter ces choses.

EXAMPLE: **Les pâtisseries s'achètent dans une pâtisserie.**

1. ___

2. ___

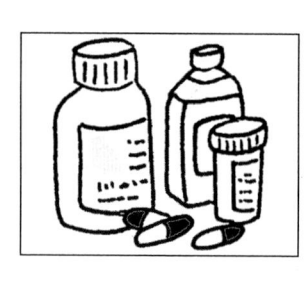

3. _____

4. _____

5. _____

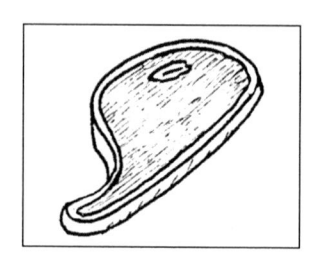

6. _____

EXERCISE F **En classe hier.** Travaillez avec un(e) camarade de classe. Faites une liste de ce qu'on a fait en classe hier.

EXAMPLE: **Les devoirs ont été écrits au tableau par Gilles et Marie.**

_____
_____
_____
_____
_____
_____

EXERCISE G   **Les routines.**   Écrivez une note où vous exprimez vos routines familiales.

EXAMPLE: **Généralement chez moi on se lève de très bonne heure.**

Chapter 23
Subjunctive

1. Subjunctive in French

In this and the next chapter, you will see how the subjunctive mood enables speakers of French to express a variety of attitudes through different verb forms and constructions.

a. The Indicative and the Subjunctive

The indicative mood states facts and expresses certainty or reality. The subjunctive mood expresses uncertainty, doubt, wishes, desires, conjecture, suppositions, and conditions that are uncertain or contrary to fact. The subjunctive occurs much more frequently in French than in English.

b. Use of the Subjunctive

In French, the subjunctive normally occurs in dependent clauses introduced by a conjunction containing *que* or by a relative pronoun (usually *qui* or *que*).

Il est important *que vous ne fassiez pas* **de fautes.**	*It is important that you not make any mistakes.*
Je cherche un appartement *qui soit* **confortable.**	*I'm looking for a comfortable apartment.*

NOTE: Verbs in the present subjunctive may express actions that take place in the present or in the future:

Il faut *que j'aille* **à la pharmacie.**	*I have to go to the drugstore.*
Il est possible *qu'il parte* **pour l'Europe demain.**	*It is possible that he will leave for Europe tomorrow.*

2. Present Subjunctive of Regular Verbs

The present subjunctive of most verbs is formed by dropping the *-ent* ending of the third person plural (*ils* form) of the present indicative and adding *-e, -es, -e, -ions, -iez, -ent*:

gagner *to win, to earn*		choisir *to choose*		attendre *to wait*	
je	gagne	je	choisisse	j'	attende
tu	gagnes	tu	choisisses	tu	attendes
il/elle	gagne	il/elle	choisisse	il/elle	attende
nous	gagnions	nous	choisissions	nous	attendions
vous	gagniez	vous	choisissiez	vous	attendiez
ils/elles	gagnent	ils/elles	choisissent	ils/elles	attendent

NOTE: 1. This pattern also applies to most verbs that have irregular forms in the present indicative:

Il est temps *que vous mettiez* **la table.**	*It's time for you to set the table.*
Est-il possible *que tu connaisses* **ma sœur?**	*Is it possible that you know my sister?*
Il est nécessaire *que je prenne* **la voiture.**	*It is necessary for me to take the car.*

2. The *nous* and *vous* forms of the present subjunctive are identical to the *nous* and *vous* forms of the imperfect indicative.

3. Present Subjunctive of Verbs With Two Stems

Some verbs use two different stems to form the present subjunctive:

the third-person plural stem of the present indicative (*ils* form) for *je, tu, il/elle, ils/elles*

the first-person plural stem of the present indicative (*nous* form) for *nous* and *vous*

boire to drink	
PRESENT INDICATIVE	ils boivent, nous buvons
SUBJUNCTIVE	je boive, tu boives, il/elle boive, ils/elles boivent, nous buvions, vous buviez

venir to come	
PRESENT INDICATIVE	ils viennent, nous venons
SUBJUNCTIVE	je vienne, tu viennes, il/elle vienne, ils/elles viennent, nous venions, vous veniez

recevoir to receive	
PRESENT INDICATIVE	ils reçoivent, nous recevons
SUBJUNCTIVE	je reçoive, tu reçoives, il/elle reçoive, ils/elles reçoivent, nous recevions, vous receviez

Other verbs with two stems:

apercevoir *to notice*	j'aperçoive, nous apercevions
appeler *to call*	j'appelle, nous appelions
acheter *to buy*	j'achète, nous achetions
croire *to believe*	je croie, nous croyions
devoir *to have to*	je doive, nous devions
ennuyer *to bother*	j'ennuie, nous ennuyions
envoyer *to send*	j'envoie, nous envoyions
employer *to use*	j'emploie, nous employions

jeter *to throw*	je jette, nous jetions
mener *to lead*	je mène, nous menions
mourir *to die*	je meure, nous mourions
payer *to pay*	je paie*, nous payions
préférer *to prefer*	je préfère, nous préférions
prendre *to take*	je prenne, nous prenions
répéter *to repeat*	je répète, nous répétions
tenir *to hold*	je tienne, nous tenions
voir *to see*	je voie, nous voyions

EXERCISE A **Chez le docteur.** Exprimez ce que ce patient discute avec son docteur en complétant le dialogue avec la forme correcte du subjonctif.

1. (voir)

   PATIENT: Est-il nécessaire que je _____ un autre docteur?

   DOCTEUR: Il n'est pas nécessaire que vous _____ un autre docteur.

2. (maigrir)

   PATIENT: Est-il nécessaire que je _____?

   DOCTEUR: Il n'est pas nécessaire que vous _____.

3. (acheter)

   PATIENT: Est-il nécessaire que je m'_____ beaucoup de médicaments?

   DOCTEUR: Il n'est pas nécessaire que vous _____ beaucoup de médicaments.

4. (boire)

   PATIENT: Est-il nécessaire que je _____ beaucoup d'eau.

   DOCTEUR: Il est nécessaire que vous _____ beaucoup d'eau.

5. (recevoir)

   PATIENT: Est-il nécessaire que je _____ des conseils de mes amis?

   DOCTEUR: Il n'est pas nécessaire que vous _____ des conseils de vos amis.

6. (venir)

   PATIENT: Est-il nécessaire que je _____ vous consulter souvent?

   DOCTEUR: Il est nécessaire que vous _____ me consulter souvent.

---

*Verbs ending in *–ayer* may also have present-subjunctive forms that retain the *y*: *je paye*.

7. (mener)

   PATIENT: Est-il nécessaire que je _____ une vie moins active?

   DOCTEUR: Il est nécessaire que vous _____ une vie moins active.

8. (rester)

   PATIENT: Est-il nécessaire que je _____ à l'hôpital?

   DOCTEUR: Il n'est pas nécessaire que vous _____ à l'hôpital.

9. (attendre)

   PATIENT: Est-il nécessaire que j'_____ une semaine avant de quitter la maison?

   DOCTEUR: Il est nécessaire que vous _____ une semaine avant de quitter la maison.

10. (posséder)

    PATIENT: Est-il nécessaire que je _____ l'assurance médicale?

    DOCTEUR: Il est nécessaire que vous _____ l'assurance médicale.

4. Present Subjunctive of Irregular Verbs

These verbs have irregular subjunctive forms:

a. Verbs With One Stem:

faire *to make, to do*	**je fasse, tu fasses, il/elle fasse, nous fassions, vous fassiez, ils/elles fassent**
pouvoir *to be able to*	**je puisse, tu puisses, il/elle puisse, nous puissions, vous puissiez, ils/elles puissent**
savoir *to know*	**je sache, tu saches, il/elle sache, nous sachions, vous sachiez, ils/elles sachent**
falloir *to be necessary*	**il faille**
pleuvoir *to rain*	**il pleuve**

b. Verbs With Two Stems:

aller *to go*	**j'aille, tu ailles, il/elle aille, nous allions, vous alliez, ils/elles aillent**
avoir *to have*	**j'aie, tu aies, il/elle ait, nous ayons, vous ayez, ils/elles aient**

être *to be*		**je sois, tu sois, il/elle soit, nous soyons, vous soyez, ils/elles soient**
valoir *to be worth*		**je vaille, tu vailles, il/elle vaille, nous valions, vous valiez, ils/elles vaillent**
vouloir *to want*		**je veuille, tu veuilles, il/elle veuille, nous voulions, vous vouliez, ils/elles veuillent**

EXERCISE B   **Les possibilités.**   Vous parlez avec un ami. Parlez du futur en employant le subjonctif.

EXAMPLE: faire un voyage bientôt
    VOTRE AMI: Est-il possible que **tu fasses** un voyage bientôt?
    VOUS: Il est possible que **je fasse** un voyage bientôt.

1. aller au ballet le mois prochain

   VOTRE AMI: _____

   VOUS: _____

2. avoir une fête pendant l'été

   VOTRE AMI: _____

   VOUS: _____

3. être sur le point de faire un voyage

   VOTRE AMI: _____

   VOUS: _____

4. vouloir aller en France

   VOTRE AMI: _____

   VOUS: _____

5. pouvoir m'aider avec mes études

   VOTRE AMI: _____

   VOUS: _____

6. savoir réparer ce robot ménager

   VOTRE AMI: _____

   VOUS: _____

5. Subjunctive After Impersonal Expressions

The subjunctive is used after impersonal expressions of doubt, emotion, and opinion:

il est* absurde	*it is absurd*	**il est naturel**	*it is natural that*
il est amusant	*it is amusing*	**il est nécessaire**	*it is necessary*
il est bon	*it is good*	**il est normal**	*it is normal*
il est dommage	*it is a pity, it is too bad*	**il est possible**	*it is possible*
il est douteux	*it is doubtful*	**il est préférable**	*it is preferable*
il est essentiel	*it is essential*	**il est rare**	*it is rare*
il est étonnant	*it is astonishing, it is amazing*	**il est surprenant**	*it is surprising*
il est gentil	*it is nice, kind*	**il est temps**	*it is time*
il est impératif	*it is imperative*	**il est urgent**	*it is urgent*
il est important	*it is important*	**il est utile**	*it is useful*
il est impossible	*it is impossible*		
il est improbable	*it is improbable that*	**il convient**	*it is fitting (proper)*
il est indispensable	*it is indispensable*	**il faut**	*it is necessary*
il est injuste	*it is unfair*	**il se peut**	*it is possible*
il est intéressant	*it is interesting*	**il semble**	*it seems*
il est ironique	*it is ironic*	**il suffit**	*it is enough*
il est juste	*it is fair*	**il vaut mieux**	*it is better*

Il est douteux que nous restions longtemps chez lui.

It is doubtful that we will stay at his house a long time.

Il vaut mieux que tu viennes me parler après-demain.

It is better if you come to speak to me the day after tomorrow.

EXERCISE C Les bons citoyens. Exprimez ce que font ces personnes en combinant les phrases.

EXAMPLE: il est possible/il/prendre soin des malheureux
Il est possible qu'il prenne soin des malheureux.

1. il est essentiel/je/avoir le temps d'être bénévole

2. il est indispensable/tu/vouloir aider les sans-abri

3. il est intéressant/il/être prêt à faire une collecte pour une œuvre

---

*c'est may be used in place of **il est**.

4. il est juste/nous/protéger l'environnement

5. il est impératif/vous/savoir procurer les fonds pour les pauvres

6. il est naturel/ces hommes/pouvoir remonter le moral des malheureux

6. Past Subjunctive

The past subjunctive is formed with the present subjunctive of *avoir* or *être* and the past participle.

réussir *to succeed*		sortir *to go out*		s'amuser *to enjoy oneself*		
j'	aie réussi	je	sois sorti(e)	je	me	sois amusé(e)
tu	aies réussi	tu	sois sorti(e)	tu	te	sois amusé(e)
il/elle	ait réussi	il/elle	soit sorti(e)	il/elle	se	soit amusé(e)
nous	ayons réussi	nous	soyons sorti(e)s	nous	nous	soyons amusé(e)s
vous	ayez réussi	vous	soyez sorti(e)(s)	vous	vous	soyez amusé(e)(s)
ils elles	aient réussi	ils/elles	soient sorti(e)s	ils/elles	se	soient amusé(e)s

NOTE: Like the *passé composé*, the past subjunctive is used to express an action that has already taken place:

Il est juste qu'il *n'ait pas raté* son cours de physique.   *It is fair that he didn't fail his physics course.*

Il semble qu'*elles soient arrivées*.   *It seems they have arrived.*

EXERCISE D   **Le mauvais temps.** Exprimez les opinions de ces gens par rapport au mauvais temps en vous servant du passé du subjonctif.

EXAMPLE: il était bon /je/rester à la maison
Il était bon que **je sois resté** à la maison.

1. il était important/tu/ne pas conduire ta voiture en ville

2. il était juste/je/ne pas choisir d'aller au travail

3. il était nécessaire/nous/rentrer tôt

4. il fallait/vous/pouvoir prendre un jour de congé

5. il valait mieux/elle/ne pas aller au bureau

6. il était préférable/ils/faire leur travail à la maison

EXERCISE E **L'improbabilité.** Travaillez avec un(e) camarade de classe. Écrivez une liste des choses qu'il est improbable que vous fassiez.

EXERCISE F **Une surprise-partie.** Vous êtes en train de préparer une surprise-partie en l'honneur de vos parents. Écrivez une lettre à votre sœur ou à votre frère où vous dites ce qu'il faut qu'elle/il fasse.

CHAPTER 24
Other Uses of the Subjunctive

1. Subjunctive After Certain Verbs and Expressions

a. The subjunctive is used after verbs and expressions of command, demand, desire, permission, preference, prohibition, request, wanting, and wishing.

aimer mieux *to prefer*	**désirer** *to desire*	**ordonner** *to order*
commander *to order*	**empêcher** *to prevent*	**permettre** *to permit*
consentir *to consent*	**exiger** *to demand*	**préférer** *to prefer*
défendre *to forbid*	**insister** *to insist*	**souhaiter** *to wish*
demander *to ask*	**interdire** *to prohibit*	**vouloir** *to wish, want*

Ses parents *défendent* qu'elle sorte seule le soir.
Her parents forbid her to go out alone at night.

Mme Caron *préfère* que *nous ne venions pas* dîner avant six heures.
Mme Caron prefers that we don't come to eat dinner before six o'clock.

NOTE:
1. The subjunctive in French is often equivalent to an infinitive in English.

   Je voudrais que *tu fasses* un voyage avec moi.
   I'd like you to take a trip with me.

2. In all the examples above, the verb in the main clause and the verb in the dependent clause have different subjects. If the subjects in both clauses are the same, *que* is omitted and the infinitive is used instead of the subjunctive.

   Mon père veut *que je finisse* ce travail avant de regarder la télé.
   My father wants me to finish this work before watching television.

   Mon père veut *finir* ce travail avant de regarder la télé.
   My father wants to finish this work before watching television.

EXERCISE A Un docteur exigeant. Exprimez ce que le docteur Martin dit à ses patients.

1. (dormir) Il défend que Lucien _____ trop.

2. (manger) Il demande que nous _____ plus de légumes.

3. (revenir) Il insiste que je _____ le voir dans deux mois.

4. (maigrir) Il ordonne que vous _____ .

5. (boire) Il veut que tu _____ beaucoup plus de jus de fruits.

6. (prendre) Il préfère qu'elle _____ des vitamines.

   b. The subjunctive is used after verbs and expressions of feeling or emotion, such as fear, joy, sorrow, regret, and surprise.

   être agacé(e) *to be annoyed*
   être content(e) *to be happy*
   être désolé(e) *to be sorry*
   être embarrassé(e) *to be embarrassed*
   être enchanté(e) *to be delighted*
   être énervé(e) *to be irritated*
   être ennuyé(e) *to be annoyed*
   être étonné(e) *to be astonished*
   être fâché(e) *to be angry*
   être fier (fière) *to be proud*
   être flatté(e) *to be flattered*
   être furieux (-euse) *to be furious, angry*
   être gêné(e) *to be bothered*
   être heureux (-euse) *to be happy*
   être irrité(e) *to be irritated*

   être malheureux (-euse) *to be unhappy*
   être mécontent(e) *to be displeased*
   être ravi(e) *to be delighted*
   être surpris(e) *to be surprised*
   être triste *to be sad*

   avoir crainte *to be afraid*
   avoir honte *to be ashamed*
   avoir peur *to be afraid*

   craindre *to fear*
   regretter *to be sorry*
   s'étonner *to be astonished*
   se fâcher *to be angry*
   se réjouir *to rejoice, be happy*

   Je suis heureuse que tu sois venu.   I am happy that you came.
   Tout le monde s'étonne qu'il réussisse.   Everyone is astonished that he will succeed.

   NOTE: Expressions of fear in affirmative sentences generally take *ne* with the subjunctive.

   J'ai peur qu'elle ne maigrisse.   I'm afraid (that) she may lose weight.

   If the verb of fearing is negative or interrogative, *ne* is not used.

   Je ne crains pas qu'elle grossisse.   I'm not afraid (that) she may (will) gain weight.

EXERCISE B Un ami jaloux. Exprimez comment un ami jaloux réagit.

EXAMPLE: être fâché/nous/s'amuser quand il n'est pas là.
          Il **est fâché** que nous nous **amusions** quand il n'est pas là.

1. être irrité/je/correspondre avec toi

_____

2. être mécontent/vous/recevoir de meilleures notes que lui

_____

3. être malheureux/tu/vouloir sortir avec moi

   _____

4. être furieux/Sophie/accomplir beaucoup

   _____

5. être gêné/Fabien et Raymond/aller au cinéma sans l'inviter

   _____

6. être énervé/Régine/conduire une nouvelle voiture de sport

   _____

   c. The subjunctive is used after verbs and expressions of doubt, disbelief, and denial. The indicative is used after expressions of certainty.

INDICATIVE (certainty)	SUBJUNCTIVE (uncertainty)
je sais *I know*	**je doute** *I doubt*
je suis sûr(e) *I am sure*	**je ne suis pas sûr(e)** *I am not sure*
je suis certain(e) *I am certain*	**je ne suis pas certain(e)** *I am not certain*
il est certain *it is certain*	**il n'est pas certain** *it is not certain*
il est clair *it is clear*	**il n'est pas clair** *it is not clear*
il est évident *it is obvious*	**il n'est pas évident** *it is not obvious*
il est exact *it is exact*	**il n'est pas exact** *it is not exact*
il est vrai *it is true*	**il n'est pas vrai** *it is not true*
il est sûr *it is sure*	**il n'est pas sûr** *it is not sure*
il est probable *it is probable*	**il n'est pas probable** *it is not probable*
	il est possible *it is possible*
	il est impossible *it is impossible*
	il se peut *it is possible*
	il est douteux *it is doubtful*
il paraît *it appears*	**il semble** *it seems*
je crois *I believe*	**je ne crois pas** *I don't believe*
	crois-tu? *do you believe?*
je pense *I think*	**penses-tu?** *do you think?*
	je ne pense pas *I don't think*
j'espère *I hope*	**espères-tu?** *do you hope?*
	je n'espère pas *I don't hope*
Je *suis sûr qu'elle comprend* les règles.	*I am sure she understands the rules.*
Je *ne suis pas sûr qu'elle comprenne* les règles.	*I'm not sure she understands the rules.*

| Le professeur *pense qu'il fait* de son mieux. | *The teacher thinks he is doing his best.* |
| Pensez-*vous qu'il fasse* de son mieux? | *Do you think he is doing his best?* |

NOTE: In the interrogative and negative, the verbs *croire* and *penser* may be followed by the indicative when there is little or no doubt in the speaker's mind.

| Il *ne pense pas que je dis* des mensonges. | *He doesn't think I am lying.* (I'm probably not lying.) |
| Il *ne pense pas que je dise* des mensonges. | *He doesn't think I am lying.* (I may be lying.) |

EXERCISE C **Un soldat.** Racontez ce qui se passe dans la vie du soldat en employant le subjonctif ou l'indicative selon le cas.

1. (être) Il est évident que ses parents _____ fiers de lui.

2. (recevoir) Il n'est pas clair qu'il _____ une médaille.

3. (partir) Il se peut qu'il _____ à la guerre.

4. (revenir) Il est douteux qu'il _____ avant la fin de l'année.

5. (avoir) Je ne pense pas qu'il _____ peur.

6. (vouloir) Il est vrai qu'il ne _____ pas aller à l'étranger.

7. (faire) Il n'est pas sûr que ses amis lui _____ leurs adieux aujourd'hui.

8. (savoir) Il paraît qu'il _____ ce qu'il fait.

2. Subjunctive After Certain Conjunctions

a. Conjunctions that express time.

en attendant que *until*   **avant que** *before*
jusqu'à ce que *until*

J'attendrai *jusqu'à ce qu'*elle revienne.   *I'll wait until she comes back.*

b. Conjunctions that express purpose.

afin que *in order that, so that*   **de façon que** *so that*
pour que *in order that, so that*

> **Le professeur parle lentement *pour que* ses élèves puissent le comprendre.**
> *The teacher speaks slowly so that his students can understand him.*

c. Conjunctions that express condition.

à condition que *provided that* **à moins que** *unless*
pourvu que *provided that*

> **Sa mère lui donnera de l'argent *pourvu qu'*il tonde la pelouse.**
> *His mother will give him money provided that he mow the lawn.*

d. Conjunctions that express concession.

bien que *although* **quoique** *although*
encore que *although*

> ***Bien qu'*il fasse très chaud, je ferai un gâteau d'anniversaire pour elle.**
> *Although it's very hot, I'll bake her a birthday cake.*

e. Conjunctions that express negation.

sans que *without*

> **Il est parti *sans que* je lui aie montré mes photos.**
> *He left without my having shown him my photos.*

f. Conjunctions that express fear.

de crainte que
de peur que } *for fear that*

> **Je ne vous dis rien *de crainte que* vous ne soyez inquiet.**
> *I'm not telling you anything for fear that you will be worried.*

NOTE:

1. *À moins que, avant que, de peur que,* and *de crainte que* are generally followed by *ne* before the verb.

2. The following conjunctions are followed by the indicative:

   après que *after*   **pendant que** *while*
   aussitôt que *as soon as* **peut-être que** *perhaps*
   dès que *as soon as*   **puisque** *since*
   parce que *because*   **tandis que** *while, whereas*

3. If the subjects of the main and the dependent clauses are the same, an infinitive construction is used instead of the subjunctive:

   Je te téléphonerai *avant de sortir*. *I'll call you before I go out.*
   Elle est partie *sans me remercier*. *She left without thanking me.*
   Ils travaillent *afin de gagner* de l'argent. *They work in order to earn money.*

EXERCISE D

On travaille. Exprimez les conditions dans lesquelles on travaille en employant le subjonctif ou l'indicatif selon le cas.

1. M. Laroche travaille bien qu'il _____ âgé.
   être

2. Tu travailles parce que tu _____ besoin d'argent.
   avoir

3. Lise travaille tandis que son mari _____ des cours.
   suivre

4. Le chef explique les règles pour que nous _____ ce qu'il faut faire.
   savoir

5. Vous travaillez en attendant que votre mari _____ un stage scolaire.
   finir

6. Il travaille pourvu que sa famille _____ voyager.
   pouvoir

3. Subjunctive in Relative Clauses

The subjunctive is used in relative clauses if the person or thing in the main clause is indefinite, nonexistent, or desired but not yet found.

SUBJUNCTIVE	INDICATIVE
Je cherche une voiture qui soit fiable. *I am looking for a car that is dependable.* (I may never find one.)	**J'ai une voiture qui tient bien la route.** *I have a car that holds the road well.* (The car exists.)
Connais-tu quelqu'un qui veuille m'aider? *Do you know someone who wants to help me?* (indefinite)	**Je connais quelqu'un qui veut t'aider.** *I know someone who wants to help you.* (definite person)

EXERCISE E

Ça existe? Complétez les questions de ces enfants curieux.

1. (peser)   Y a-t-il un homme qui _____ de quatre cents kilos?

2. (avoir)   Y a-t-il une femme qui _____ plus de cent enfants?

3. (aller)   Y a-t-il un avion qui _____ à la lune?

4. (venir)   Y a-t-il des extraterrestres qui _____ de Mars?

5. (pouvoir) Y a-t-il une voiture qui _____ rouler à deux cents à l'heure?

6. (devoir) Y a-t-il une plante qui _____ survivre sans oxygène?

4. Subjunctive After Superlative Expressions

The subjunctive is used after superlative expressions generally showing an opinion or an emotion: *le premier* (the first), *le dernier* (the last), *le meilleur* (the best), *le seul* (the only), *l'unique* (the only), and *ne... que* (only) when it is used as a superlative.

La bouillabaisse est la meilleure soupe que le chef fasse.	*Bouillabaisse is the best soup the chef makes.*
C'est *le seul* homme qui veuille faire ce travail.	*That's the only man who wants to do that work.*
Il *n'y a qu'*une photo qui lui plaise.	*There is only one photo that pleases her.*

EXERCISE F Qu'est-ce que c'est? Exprimez ce que c'est.

EXAMPLE: la seule danse/le danseur/apprendre
          C'est **la seule** danse que le danseur ait apprise.

1. le seul opéra/le musicien/composer

_____

2. le plus récent livre/l'écrivain/écrire

_____

3. la plus belle peinture/l'artiste/peindre

_____

4. le meilleur édifice/architecte/dessiner

_____

5. l'unique sculpture/le sculpteur/sculpter

_____

6. la dernière découverte/le savant/faire

_____

5. Subjunctive in Third-Person Commands

The subjunctive is used with indirect imperatives or independent clauses expressing commands or wishes:

Qu'il le finisse immédiatement!	*Let him finish it immediately!*
Qu'elle s'asseye!	*Let her sit!*
Qu'ils soient heureux!	*May they be happy!*
Vive le roi!	*Long live the king!*

EXERCISE G   À l'université.   Exprimez ce qu'on souhaite pour Gisèle.

EXAMPLE: finir facilement ses études
         Qu'elle finisse facilement ses études.

1. recevoir une bourse

2. avoir de bonnes notes

3. faire de son mieux

4. choisir une matière principale intéressante

5. suivre des cours importants

6. devenir renommée

EXERCISE H   La doute et la certitude.   Travaillez avec un(e) camarade de classe. Faites une liste de choses douteuses et de choses certaines.

EXAMPLE: Il est douteux **qu'il fasse** beau demain. Il est certain **qu'il pleuvra** demain.

EXERCISE I   Une fête d'anniversaire.   Écrivez une note à un(e) ami(e) où vous dites ce que vous voudriez que vos amis fassent pour fêter votre anniversaire.

CHAPTER 25
Indefinites

1. Forms

Indefinites may be adjectives, pronouns, or both.

ADJECTIVE	PRONOUN
aucun(e) *any, no*	**aucun(e)** *any, no one, none*
autre(s) *other*	**autre(s)** *other(s), other one(s)*
certain(e)(s) *certain, some*	**certain(e)s** *certain, some*
chaque *each*	**chacun(e)** *each one, everyone*
le (la) (les) même(s) *the same*	**le (la) (les) même(s)** *the same one(s)*
	on *we, you, they, people, one*
plusieurs *several*	**plusieurs** *several*
quelque(s) *some*	**quelqu'un(e)** *someone, anyone*
	quelques-un(e)s *some, a few*
	quelque chose (*m.*) *something, anything*
	rien *nothing*
tout, tous, toute, toutes *all, every*	**tous, toutes** *all*
	tout *all*

2. Uses

a. *Aucun(e)*

Aucun(e) is used in the singular (with or without *ne*) as an adjective or a pronoun.

1. As an adjective, *aucun(e)* may be used with a noun for stress.

Il finira tout sans *aucun problème*.	*He will finish everything without any problem.*
Reviendriez-vous demain?	*Will you return tomorrow?*
En *aucun cas*.	*Under no circumstances.*

2. As a pronoun, *aucun(e)* may be followed by *de* + noun or pronoun.

Elle n'a goûté *aucun de ces plats*.	*She didn't taste any of those dishes.*
Aucune d'elles **n'est arrivée.**	*None of them has arrived.*

EXERCISE A On achète des meubles. Exprimez ce qui se passe dans le magasin de meubles.

EXAMPLE: Mme Réigner/regarder
Mme Régnier ne regarde **aucun de ces miroirs**.

212

1. elle/préférer

2. Louise et Janine/essayer

3. tu/choisir

4. nous/aimer

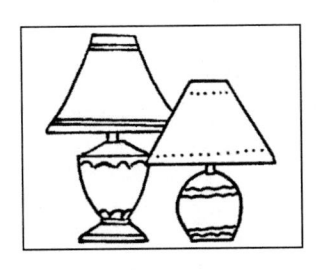

5. vous/voir

6. les garçons/marcher sur

b. *Autre*

Autre may be used as an adjective or a pronoun.

1. As an adjective, *autre* (other, another) precedes the noun it describes. It may be preceded by a definite or indefinite article.

Je vais prendre *l'autre route*.	*I'm going to take the other road.*
Il a besoin *d'un autre stylo*.	*He needs another (a different) pen.*
Elle a *d'autres tâches* à faire.	*She has other chores to do.*

   NOTE: *encore un(e)* (another) means an additional.

Donnez-moi *encore une* boîte car celle-ci est remplie.	*Give me another box because this one is full.*

2. As a pronoun, *autre* [other (one), others] is preceded by an article.

Tu n'aimes pas ceux-ci?	*Don't you like these?*
Alors, regarde *les autres*.	*So, look at the others.*
À mon avis, *un autre* suffirait.	*In my opinion, another one would be enough.*
Je n'aime pas ce style de manteau. En avez-vous *d'autres*?	*I don't like this style of coat. Do you have any others?*

   NOTE: 1. The indefinite article used with plural *autres* is always *d'*.

Il n'a pas *d'autres* idées.	*He doesn't have any other ideas.*
***D'autres* nous aideront.**	*Others will help us.*

   2. The following expressions are used to show reciprocal action, especially with reflexive verbs (see Chapter 21, p. 187).

   l'un(e) l'autre   *each other (of two)*
   les un(e)s les autres   *one another (of more than two)*

Ils ne se regardent pas *l'un(e) l'autre*.	*They don't look at each other.*
Nous nous disputions les un(e)s avec les autres.	*We used to fight with one another.*

   3. *Autre* is used in the following expressions:

   l'un(e) et l'autre   *both, both of them*
   l'un(e) ou l'autre   *either one*
   ni l'un(e) ni l'autre   *neither one*
   l'un(e) à l'autre   *to each other*
   l'un(e) pour l'autre   *one for the other, for each other*

Elles avaient du respect *l'une pour l'autre*.	*They had respect for each other.*
Je prendrai *l'un ou l'autre*.	*I'll take either one.*
Il n'a choisi *ni l'un ni l'autre*.	*He didn't choose either one.*

Indefinites

EXERCISE B L'un l'autre. Complétez la phrase avec l'expression qui convient.

l'un à l'autre   l'un pour l'autre   l'une ou l'autre
l'un et l'autre   l'une l'autre   ni l'un ni l'autre

1. Claire respecte Louise et Louise respecte Claire. Elle se respectent _____.

2. Jean et Robert n'aiment ni le chou-fleur ni le brocoli. Ils n'aiment _____.

3. Georges pardonne à Marie et Marie pardonne à Georges. Ils se pardonnent _____.

4. André cuisine pour Éric et Éric cuisine pour André. Ils cuisinent _____.

5. Georgette prendra la robe bleue ou la robe rouge. Danielle aussi. Elles prendront _____.

6. Grégoire pose des questions. Michel pose des questions aussi. Ils posent des questions _____.

c. *Certain(e)(s)*

1. As an adjective, *certain(e)(s)* (certain, some) takes the indefinite article *un(e)* in the singular and no article in the plural, as in English.

   Elle a *un certain* je ne sais quoi.   *She has a certain something.*
   ***Certains* films m'ennuient.**   *Certain films bore me.*

2. As a pronoun, *certain(e)s* (certain, some) is used only in the plural. The phrase *d'entre eux (elles)* (of them) may be added.

   ***Certains* cherchent une solution pratique.**   *Some are looking for a practical solution.*
   ***Certaines d'entre elles* ont bien réussi.**   *Some of them have succeeded.*

EXERCISE C Les opinions. Complétez les opinions avec la forme correcte de *certain*.

1. Elle a un _____ sourire.

2. Il a fait des progrès _____.

3. La victoire n'est jamais _____.

4. _____ d'entre eux s'énervent facilement.

5. M. Leblanc a un _____ charme.

6. Gagner le match est une chose _____.

d. *Chaque* each, every (adjective)
Chacun(e) each, each one, everyone (pronoun)

These indefinites, used only in the singular, stress the individual.

Chaque personne a fait de son mieux.   *Each (Every) person did his best.*
Chacun promet des résultats différents.   *Each one promises different results.*

NOTE: The stress pronoun *soi* is used with *chacun(e)*.

Chacun(e) pour soi.   *Everyone for himself/herself.*

EXERCISE D   Les services. Exprimez ce à quoi on peut s'attendre dans chaque établissement.

EXAMPLE: lycée/enseigner les mêmes matières
Chaque lycée enseigne les mêmes matières.

1. libraire/vendre les mêmes livres

2. hôtel/fournir les mêmes services

3. boutique/offrir les mêmes soldes

4. banque/fermer à la même heure

5. centre commercial/avoir les mêmes magasins

6. pâtisserie/faire les mêmes gâteaux

e. *Le (la, les) même(s)* the same (adjective)
Le (la, les) même(s) the same one(s) (pronoun)

Ils ont *le même nom de famille*.   *They have the same last name.*
Les mêmes se trouvent dans un autre magasin.   *The same ones can be found in another store.*

EXERCISE E Au rayon des vêtements. Exprimez que vous voulez ce que votre ami(e) veut.

EXAMPLE: Donnez-moi ce pull.
  Je prends **le même.**

1. Donnez-moi ces gants.

2. Donnez-moi cette écharpe.

3. Donnez-moi ce jogging.

4. Donnez-moi ces chaussures.

5. Donnez-moi cette chemise.

6. Donnez-moi ce chapeau.

f. *On*

The subject pronoun *on* (we, you, they, people, one) refers to an indefinite person or persons and always takes a third person singular verb. It has several possible equivalents in English. The active construction with *on* is often used in French where English uses the passive (see Chapter 22).

On ne travaille pas le dimanche.
  We (You, They, People) don't work on Sundays.
  One doesn't work on Sundays.
  Work isn't done on Sunday.

NOTE: 1. *Soi* (oneself) is the stress pronoun for *on*.

  On doit avoir confiance en *soi*. *One should have confidence in oneself.*

  2. After certain monosyllables ending in a pronounced vowel sound, such as *et, ou, où, que,* and *si*, the form *l'on* may be used for the sake of pronunciation.

  Je ne sais pas *où l'on* peut travailler. *I don't know where we can work.*

Si l'on travaille dur, on réussira. — *If you work hard you will succeed.*

EXERCISE F **Les suggestions.** Vous avez un jour de congé. Faites des suggestions.

EXAMPLE: écouter des CD
On écoute des CD?

1. aller au centre commercial

2. faire du sport

3. jouer aux cartes

4. monter à cheval

5. regarder des films vidéo

6. surfer sur l'Internet

g. *Plusieurs*

As an adjective and pronoun, *plusieurs* means several; *plusieurs* may be followed by *d'entre eux* (*elles*) (of them).

Je l'ai vu danser à *plusieurs* reprises. — *I saw him dance on several occasions.*
***Plusieurs d'entre eux* sont très consciencieux.** — *Several of them are very conscientious.*

EXERCISE G **Les vêtements.** Faites des conversations où vous parlez de ce que vous voudriez acheter.

EXAMPLE: cravates/en coton
Je voudrais acheter **plusieurs cravates.**
Plusieurs d'entre elles sont en coton.

1. chemises/en soie

_____

_____

2. pantalons/en lin

_____

_____

3. ceintures/en cuir

_____

_____

4. pulls/en laine

_____

_____

h. *Quelque(s)*   some, a few (adjective)
Quelqu'un(e)   someone, somebody, anyone (pronoun)
Quelques-un(e)s   some, any, a few (pronoun)

Il manque quelques boutons à cette veste.	*This jacket is missing some buttons.*
Quelqu'un a pris mon parapluie.	*Someone took my umbrella.*
Elle m'a donné quelques-uns de ses magazines.	*She gave me some of her magazines.*

EXERCISE H   Au zoo.   Mariane est allée au zoo. Son amie, Claudine, lui pose des questions. Exprimez leur conversation.

EXAMPLE: CLAUDINE: As-tu vu **quelques** singes?
MARIANE: Oui, j'en ai vu **quelques-uns**.

1. CLAUDINE: _____

MARIANE: _____

2. CLAUDINE: _____
   MARIANE: _____

3. CLAUDINE: _____
   MARIANE: _____

4. CLAUDINE: _____
   MARIANE: _____

i. *Quelque chose* something, anything
   Rien, ne... rien nothing

   Quelque chose and *rien* (*ne... rien*) are pronouns; they take *de* before an adjective.

   Il y a *quelque chose* de louche ici.   *There's something fishy here.*
   Elle *n'a rien* écrit d'important.   *She didn't write anything important.*

EXERCISE I   **La fin d'une dispute.**   Faites une conversation où vous mettez fin à une dispute avec un(e) ami(e).

EXAMPLE: répéter
   Y a-t-il quelque chose d'autre à répéter?
   Il n'y a rien à répéter.

1. expliquer

2. discuter

3. dire

4. résoudre

j. Tout, tous, toute, toutes

1. *Tout, tous, toute, toutes* the whole, all, everything (adjective)

Elle a compris *toute* l'histoire.	She understood the whole story.
J'ai gardé *tous* mes souvenirs de jeunesse.	I kept all the souvenirs from my youth.

2. *Tout, tous* all, everything, everyone (pronoun):

Tout est pour le mieux.	Everything is for the best.
Elles discuteront de *tout*.	They will discuss everything.
Tous étaient nerveux.	Everyone was nervous. (They were all nervous.)
Je suis d'accord avec *tout* ce que vous dites.	I agree with everything you say.

3. Common expressions with *tout*:

   en tout cas *in any case, at any rate*
   pas du tout *not at all*
   tout à coup *all of a sudden, suddenly*
   tout à fait *entirely, quite*
   tout à l'heure *just now, a little while ago* (referring to immediate past); *in a little while, presently* (referring to immediate future)
   tout de même *nevertheless*
   tout de suite *immediately, right away, at once*
   tous/toutes (les) deux *both*
   tout le monde *everybody, everyone*
   tout le temps *all the time*

En tout cas, je t'expliquerai tout.	In any case, I'll explain everything to you.
Tout à coup le téléphone a sonné.	All of a sudden the phone rang.
Je te verrai *tout à l'heure*.	I'll see you in a little while.

EXERCISE J   **En classe.** Complétez chaque phrase avec une expression avec *tout* qui convient.

1. L'autre jour, on passait un examen quand _____ la cloche a sonné.

2. Un élève est allé parler au professeur _____ après l'examen.

3. Le professeur nous donnera nos copies dans dix minutes. Ça veut dire qu'il nous les donnera _____.

4. Régine chante et danse toujours devant la classe. Elle n'est _____ timide.

5. Le professeur est sûr que _____ s'amusera à la fête des langues étrangères.

6. Claude parle sans cesse en classe. Il parle _____.

EXERCISE K   **Les langues et les pays.** Travaillez avec un(e) camarade de classe. Faites une liste des langues parlées dans six pays différents.

EXAMPLE: **Le français se parle au Sénégal.**

_____
_____
_____
_____
_____
_____

EXERCISE L   **Les règles.** Écrivez une note à un nouvel élève où vous expliquez les règles de votre école. Employez autant de mots indéfinis que possible.

EXAMPLE: **Tout le monde** doit arriver **à l'heure.**

_____
_____
_____
_____
_____
_____

Appendix

Since the *passé simple* is used only in literary contexts not in everyday conversation or writing and only necessitates recognition by the student, please refer to Chapter 16 for proper verb formation.

1. Verbs With Regular Forms

INFINITIVE			
parl**er**	chois**ir**	perd**re**	**se** coucher

PRESENT AND PAST PARTICIPLES			
parl**ant**, parl**é**	chois**issant**, chois**i**	perd**ant**, perd**u**	couch**ant**, couch**é**

PRESENT			
parl**e**	chois**is**	perd**s**	**me** couch**e**
parl**es**	chois**is**	perd**s**	**te** couch**es**
parl**e**	chois**it**	perd	**se** couch**e**
parl**ons**	chois**issons**	perd**ons**	**nous** couch**ons**
parl**ez**	chois**issez**	perd**ez**	**vous** couch**ez**
parl**ent**	chois**issent**	perd**ent**	**se** couch**ent**

IMPERATIVE			
parl**e**	chois**is**	perd**s**	couche-**toi**
parl**ons**	chois**issons**	perd**ons**	couchons-**nous**
parl**ez**	chois**issez**	perd**ez**	couchez-**vous**

PASSÉ COMPOSÉ			
ai parlé	ai choisi	ai perdu	**me** suis couché(e)
as parlé	as choisi	as perdu	**t'**es couché(e)
a parlé	a choisi	a perdu	**s'**est couché(e)
avons parlé	avons choisi	avons perdu	**nous** sommes couché(e)s
avez parlé	avez choisi	avez perdu	**vous** êtes couché(e)(s)
ont parlé	ont choisi	ont perdu	**se** sont couché(e)s

IMPERFECT			
parl**ais**	chois**issais**	perd**ais**	**me** couch**ais**
parl**ais**	chois**issais**	perd**ais**	**te** couch**ais**
parl**ait**	chois**issait**	perd**ait**	**se** couch**ait**
parl**ions**	chois**issions**	perd**ions**	**nous** couch**ions**
parl**iez**	chois**issiez**	perd**iez**	**vous** couch**iez**
parl**aient**	chois**issaient**	perd**aient**	**se** couch**aient**

FUTURE

parler**ai**	choisir**ai**	perdr**ai**	**me** coucherai
parler**as**	choisir**as**	perdr**as**	**te** coucheras
parler**a**	choisir**a**	perdr**a**	**se** couchera
parler**ons**	choisir**ons**	perdr**ons**	**nous** coucherons
parler**ez**	choisir**ez**	perdr**ez**	**vous** coucherez
parler**ont**	choisir**ont**	perdr**ont**	**se** coucheront

CONDITIONAL

parler**ais**	choisir**ais**	perdr**ais**	**me** coucherais
parler**ais**	choisir**ais**	perdr**ais**	**te** coucherais
parler**ait**	choisir**ait**	perdr**ait**	**se** coucherait
parler**ions**	choisir**ions**	perdr**ions**	**nous** coucherions
parler**iez**	choisir**iez**	perdr**iez**	**vous** coucheriez
parler**aient**	choisir**aient**	perdr**aient**	**se** coucheraient

SUBJUNCTIVE

parl**e**	choisiss**e**	perd**e**	**me** couche
parl**es**	choisiss**es**	perd**es**	**te** couches
parl**e**	choisiss**e**	perd**e**	**se** couche
parl**ions**	choisiss**ions**	perd**ions**	**nous** couchions
parl**iez**	choisiss**iez**	perd**iez**	**vous** couchiez
parl**ent**	choisiss**ent**	perd**ent**	**se** couchent

2. *–er* Verbs With Spelling Changes

	-cer VERBS	-ger VERBS	-yer VERBS*	-eler / -eter VERBS	e + CONSONANT + -er VERBS	é + CONSONANT(S) + -er VERBS
INFINITIVE	avan**c**er	ran**g**er	netto**y**er	appe**l**er / je**t**er	mener	préférer
PRESENT	avance avances avance **avançons** avancez avancent	range ranges range **rangeons** rangez rangent	**nettoie** **nettoies** **nettoie** nettoyons nettoyez **nettoient**	**appelle** / **jette** **appelles** / **jettes** **appelle** / **jette** appelons / jetons appelez / jetez **appellent** / **jettent**	**mène** **mènes** **mène** menons menez **mènent**	**préfère** **préfères** **préfère** préférons préférez **préfèrent**

* Verbs ending in *-ayer*, like *payer* and *essayer*, may be conjugated like *employer* or retain the *y* in all conjugations: *je paie* or *je paye*.

	-cer VERBS	-ger VERBS	-yer VERBS	-eler / -eter VERBS	e + CONSONANT + -er VERBS	é + CONSONANT(S) + -er VERBS
IMPERATIVE	avance **avançons** avancez	range **rangeons** rangez	**nettoie** nettoyons nettoyez	**appelle** **jette** appelons jetons appelez jetez	**mène** menons menez	**préfère** préférons préférez
IMPERFECT	**avançais** **avançais** **avançait** avancions avanciez **avançaient**	**rangeais** **rangeais** **rangeait** rangions rangiez **rangeaient**				
FUTURE			nettoierai nettoieras nettoiera nettoierons nettoierez nettoieront	appellerai jetterai appelleras jetteras appellera jettera appellerons jetterons appellerez jetterez appelleront jetteront	mènerai mèneras mènera mènerons mènerez mèneront	
CONDITIONAL			nettoierais nettoierais nettoierait nettoierions nettoieriez nettoieraient	appellerais jetterais appellerais jetterais appellerait jetterait appellerions jetterions appelleriez jetteriez appelleraient jetteraient	mènerais mènerais mènerait mènerions mèneriez mèneraient	
SUBJUNCTIVE			**nettoie** **nettoies** **nettoie** nettoyions nettoyiez **nettoient**	**appelle** **jette** **appelles** **jettes** **appelle** **jette** appelions jetions appeliez jetiez **appellent** **jettent**	**mène** **mènes** **mène** menions meniez **mènent**	**préfère** **préfères** **préfère** préférions préfériez **préfèrent**

NOTE: The present participle for *-çer* and *-ger* verbs end in *-çant* and *-geant* respectively.

3. Verbs With Irregular Forms

NOTE: 1. Irregular forms are printed in bold type.

2. Verbs conjugated with *être* in compound tenses are indicated with an asterisk (*).

INFINITIVE, PARTICIPLES		PRESENT	IMPERATIVE	PASSÉ COMPOSÉ	IMPERFECT	FUTURE	CONDITIONAL	SUBJUNCTIVE
aller* *to go*		**vais**	**va**	suis allé(e)	allais	irai	irais	aille
		vas	allons	es allé(e)	allais	iras	irais	ailles
PRESENT		**va**	allez	est allé(e)	allait	ira	irait	aille
allant		allons		sommes allé(e)s	allions	irons	irions	allions
PAST		allez		êtes allé(e)(s)	alliez	irez	iriez	alliez
allé		**vont**		sont allé(e)s	allaient	iront	iraient	aillent

apprendre *to learn* (like **prendre**)

avoir *to have*		**ai**	**aie**	ai **eu**	avais	aurai	aurais	aie
		as	ayons	as **eu**	avais	auras	aurais	aies
PRESENT		**a**	ayez	a **eu**	avait	aura	aurait	ait
ayant		**avons**		avons **eu**	avions	aurons	aurions	ayons
PAST		**avez**		avez **eu**	aviez	aurez	auriez	ayez
eu		**ont**		ont **eu**	avaient	auront	auraient	aient

boire *to drink*		bois	bois	ai **bu**	**buvais**	boirai	boirais	**boive**
		bois	**buvons**	as **bu**	**buvais**	boiras	boirais	**boives**
PRESENT		**boit**	**buvez**	a **bu**	**buvait**	boira	boirait	**boive**
buvant		**buvons**		avons **bu**	**buvions**	boirons	boirions	**buvions**
PAST		**buvez**		avez **bu**	**buviez**	boirez	boiriez	**buviez**
bu		**boivent**		ont **bu**	**buvaient**	boiront	boiraient	**boivent**

comprendre *to understand* (like **prendre**)

conduire *to drive* PRESENT **conduisant** PAST **conduit**	conduis conduis conduit **conduisons** **conduisez** **conduisent**	conduis **conduisons** **conduisez**	ai conduit as conduit a conduit avons conduit avez conduit ont conduit	**conduisais** **conduisais** **conduisait** **conduisions** **conduisiez** **conduisaient**	conduirai conduiras conduira conduirons conduirez conduiront	conduirais conduirais conduirait conduirions conduiriez conduiraient	conduise conduises conduise conduisions conduisiez conduisent
connaître *to know* PRESENT **connaissant** PAST **connu**	connais connais connaît **connaissons** **connaissez** **connaissent**	connais **connaissons** **connaissez**	ai connu as connu a connu avons connu avez connu ont connu	**connaissais** **connaissais** **connaissait** **connaissions** **connaissiez** **connaissaient**	connaîtrai connaîtras connaîtra connaîtrons connaîtrez connaîtront	connaîtrais connaîtrais connaîtrait connaîtrions connaîtriez connaîtraient	connaisse connaisses connaisse connaissions connaissiez connaissent
courir *to run* PRESENT **courant** PAST **couru**	cours cours court **courons** **courez** **courent**	cours **courons** **courez**	ai couru as couru a couru avons couru avez couru ont couru	**courais** **courais** **courait** **courions** **couriez** **couraient**	**courrai** **courras** **courra** **courrons** **courrez** **courront**	**courrais** **courrais** **courrait** **courrions** **courriez** **courraient**	coure coures coure courions couriez courent
craindre *to fear* PRESENT **craignant** PAST **craint**	crains crains craint **craignons** **craignez** **craignent**	crains **craignons** **craignez**	ai craint as craint a craint avons craint avez craint ont craint	**craignais** **craignais** **craignait** **craignions** **craigniez** **craignaient**	craindrai craindras craindra craindrons craindrez craindront	craindrais craindrais craindrait craindrions craindriez craindraient	craigne craignes craigne craignions craigniez craignent

INFINITIVE, PARTICIPLES	PRESENT	IMPERATIVE	PASSÉ COMPOSÉ	IMPERFECT	FUTURE	CONDITIONAL	SUBJUNCTIVE
croire *to believe* PRESENT **croyant** PAST **cru**	crois crois **croit** **croyons** **croyez** croient	crois **croyons** **croyez**	ai cru as cru a cru avons cru avez cru ont cru	**croyais** **croyais** croyait croyions croyiez croyaient	croirai croiras croira croirons croirez croiront	croirais croirais croirait croirions croiriez croiraient	croie croies croie **croyions** **croyiez** croient

découvrir *to discover* (like couvrir)

devenir* *to become* (like venir)

devoir *to have to* PRESENT **devant** PAST **dû, due,** **dus, dues**	dois dois doit devons devez doivent	dois devons devez	ai dû as dû a dû avons dû avez dû ont dû	devais devais devait devions deviez devaient	devrai devras devra devrons devrez devront	devrais devrais devrait devrions devriez devraient	doive doives doive devions deviez doivent
dire *to say, to tell* PRESENT **disant** PAST **dit**	dis dis dit disons dites disent	dis disons dites	ai dit as dit a dit avons dit avez dit ont dit	disais disais disait disions disiez disaient	dirai diras dira dirons direz diront	dirais dirais dirait dirions diriez diraient	dise dises dise disions disiez disent

Appendix

dormir *to sleep* PRESENT **dormant** PAST **dormi**	**dors** dors dort dormons dormez dorment	dors dormons dormez	ai dormi as dormi a dormi avons dormi avez dormi ont dormi	**dormais** **dormais** **dormait** **dormions** **dormiez** **dormaient**	dormirai dormiras dormira dormirons dormirez dormiront	dormirais dormirais dormirait dormirions dormiriez dormiraient	dorme dormes dorme dormions dormiez dorment
écrire *to write* PRESENT **écrivant** PAST **écrit**	écris écris écrit écrivons écrivez écrivent	écris écrivons écrivez	ai écrit as écrit a écrit avons écrit avez écrit ont écrit	écrivais écrivais écrivait écrivions écriviez écrivaient	écrirai écriras écrira écrirons écrirez écriront	écrirais écrirais écrirait écririons écririez écriraient	écrive écrives écrive écrivions écriviez écrivent
envoyer *to send* PRESENT **envoyant** PAST **envoyé**	envoie envoies envoie envoyons envoyez envoient	envoie envoyons envoyez	ai envoyé as envoyé a envoyé avons envoyé avez envoyé ont envoyé	envoyais envoyais envoyait envoyions envoyiez envoyaient	**enverrai** **enverras** **enverra** **enverrons** **enverrez** **enverront**	enverrais enverrais enverrait enverrions enverriez enverraient	envoie envoies envoie envoyions envoyiez envoient
être *to be* PRESENT **étant** PAST **été**	**suis** **es** **est** **sommes** **êtes** **sont**	sois soyons soyez	ai été as été a été avons été avez été ont été	étais étais était étions étiez étaient	serai seras sera serons serez seront	serais serais serait serions seriez seraient	sois sois soit soyons soyez soient

INFINITIVE, PARTICIPLES	PRESENT	IMPERATIVE	PASSÉ COMPOSÉ	IMPERFECT	FUTURE	CONDITIONAL	SUBJUNCTIVE
faire *to do, make* PRESENT **faisant** PAST **fait**	fais fais fait faisons faites font	fais faisons faites	ai fait as fait a fait avons fait avez fait ont fait	faisais faisais faisait faisions faisiez faisaient	ferai feras fera ferons ferez feront	ferais ferais ferait ferions feriez feraient	fasse fasses fasse fassions fassiez fassent
falloir *to be necessary* **fallu**	il faut		il a fallu	il fallait	il faudra	il faudrait	il faille
lire *to read* PRESENT **lisant** PAST **lu**	lis lis lit lisons lisez lisent	lis lisons lisez	ai lu as lu a lu avons lu avez lu ont lu	lisais lisais lisait lisions lisiez lisaient	lirai liras lira lirons lirez liront	lirais lirais lirait lirions liriez liraient	lise lises lise lisions lisiez lisent
mettre *to put* PRESENT **mettant** PAST **mis**	mets mets met mettons mettez mettent	mets mettons mettez	ai mis as mis a mis avons mis avez mis ont mis	mettais mettais mettait mettions mettiez mettaient	mettrai mettras mettra mettrons mettrez mettront	mettrais mettrais mettrait mettrions mettriez mettraient	mette mettes mette mettions mettiez mettent

Appendix **231**

offrir	offre	ai offert	offrais	offrirai	offrirais	offre
to offer	offres	as offert	offrais	offriras	offrirais	offres
PRESENT	offre	a offert	offrait	offrira	offrirait	offre
offrant	offrons	avons offert	offrions	offrirons	offririons	offrions
PAST	offrez	avez offert	offriez	offrirez	offririez	offriez
offert	offrent	ont offert	offraient	offriront	offriraient	offrent
ouvrir	ouvre	ai ouvert	ouvrais	ouvrirai	ouvrirais	ouvre
to open	ouvres	as ouvert	ouvrais	ouvriras	ouvrirais	ouvres
PRESENT	ouvre	a ouvert	ouvrait	ouvrira	ouvrirait	ouvre
ouvrant	ouvrons	avons ouvert	ouvrions	ouvrirons	ouvririons	ouvrions
PAST	ouvrez	avez ouvert	ouvriez	ouvrirez	ouvririez	ouvriez
ouvert	ouvrent	ont ouvert	ouvraient	ouvriront	ouvriraient	ouvrent

partir* *to leave* (like sortir)

peindre	peins	ai peint	peignais	peindrai	peindrais	peigne
to paint	peins	as peint	peignais	peindras	peindrais	peignes
PRESENT	peint	a peint	peignait	peindra	peindrait	peigne
peignant	peignons	avons peint	peignions	peindrons	peindrions	peignions
PAST	peignez	avez peint	peigniez	peindrez	peindriez	peigniez
peint	peignent	ont peint	peignaient	peindront	peindraient	peignaient

permettre *to allow* (like mettre)

pouvoir	peux (puis)	ai pu	pouvais	pourrai	pourrais	puisse
to be able	peux	as pu	pouvais	pourras	pourrais	puisses
PRESENT	peut	a pu	pouvait	pourra	pourrait	puisse
pouvant	pouvons	avons pu	pouvions	pourrons	pourrions	puissions
PAST	pouvez	avez pu	pouviez	pourrez	pourriez	puissiez
pu	peuvent	ont pu	pouvaient	pourront	pourraient	puissent

INFINITIVE, PARTICIPLES	PRESENT	IMPERATIVE	PASSÉ COMPOSÉ	IMPERFECT	FUTURE	CONDITIONAL	SUBJUNCTIVE
prendre *to take* PRESENT **prenant** PAST **pris**	prends prends prend prenons prenez prennent	prends prenons prenez	ai pris as pris a pris avons pris avez pris ont pris	prenais prenais prenait prenions preniez prenaient	prendrai prendras prendra prendrons prendrez prendront	prendrais prendrais prendrait prendrions prendriez prendraient	prenne prennes prenne prenions preniez prennent

promettre *to promise* (like **mettre**)

recevoir *to receive* PRESENT **recevant** PAST **reçu**	reçois reçois reçoit recevons recevez reçoivent	reçois recevons recevez	ai reçu as reçu a reçu avons reçu avez reçu ont reçu	recevais recevais recevait recevions receviez recevaient	recevrai recevras recevra recevrons recevrez recevront	recevrais recevrais recevrait recevrions recevriez recevraient	reçoive reçoives reçoive recevions receviez reçoivent
savoir *to know (how to)* **sachant** PAST **su**	sais sais sait savons savez savent	sache sachons sachez	ai su as su a su avons su avez su ont su	savais savais savait savions saviez savaient	saurai sauras saura saurons saurez sauront	saurais saurais saurait saurions sauriez sauraient	sache saches sache sachions sachiez sachent

sentir *to feel, to smell*	sens sens sent sentons sentez sentent	ai senti as senti a senti avons senti avez senti ont senti	sentais sentais sentait sentions sentiez sentaient	sentirai sentiras sentira sentirons sentirez sentiront	sentirais sentirais sentirait sentirions sentiriez sentiraient	sente sentes sente sentions sentiez sentent
PRESENT **sentant** PAST **senti**						
servir *to serve*	sers sers sert servons servez servent	ai servi as servi a servi avons servi avez servi ont servi	servais servais servait servions serviez servaient	servirai serviras servira servirons servirez serviront	servirais servirais servirait servirions serviriez serviraient	serve serves serve servions serviez servent
PRESENT **servant** PAST **servi**						
sortir* *to go out*	sors sors sort sortons sortez sortent	suis sorti(e) es sorti(e) est sorti(e) sommes sorti(e)s êtes sorti(e)(s) sont sorti(e)s	sortais sortais sortait sortions sortiez sortaient	sortirai sortiras sortira sortirons sortirez sortiront	sortirais sortirais sortirait sortirions sortiriez sortiraient	sorte sortes sorte sortions sortiez sortent
PRESENT **sortant** PAST **sorti**						
valoir *to be worth*	vaux vaux vaut valons valez valent	ai valu as valu a valu avons valu avez valu ont valu	valais valais valait valions valiez valaient	vaudrai vaudras vaudra vaudrons vaudrez vaudront	vaudrais vaudrais vaudrait vaudrions vaudriez vaudraient	vaille vailles vaille valions valiez vaillent
PRESENT **valant** PAST **valu**						

INFINITIVE, PARTICIPLES	PRESENT	IMPERATIVE	PASSÉ COMPOSÉ	IMPERFECT	FUTURE	CONDITIONAL	SUBJUNCTIVE
venir* *to come* PRESENT **venant** PAST **venu**	viens viens vient venons venez viennent	viens venons venez	suis venu (e) es venu(e) est venu(e) sommes venu(e)s êtes venu(e)(s) sont venu(e)s	venais venais venait venions veniez venaient	viendrai viendras viendra viendrons viendrez viendront	viendrais viendrais viendrait viendrions viendriez viendraient	vienne viennes vienne venions veniez viennent
vivre *to live* PRESENT **vivant** PAST **vécu**	vis vis vit vivons vivez vivent	vis vivons vivez	ai vécu as vécu a vécu avons vécu avez vécu ont vécu	vivais vivais vivait vivions viviez vivaient	vivrai vivras vivra vivrons vivrez vivront	vivrais vivrais vivrait vivrions vivriez vivraient	vive vives vive vivions viviez vivent
voir *to see* PRESENT **voyant** PAST **vu**	vois vois voit voyons voyez voient	vois voyons voyez	ai vu as vu a vu avons vu avez vu ont vu	voyais voyais voyait voyions voyiez voyaient	verrai verras verra verrons verrez verront	verrais verrais verrait verrions verriez verraient	voie voies voie voyions voyiez voient
vouloir *to want* PRESENT **voulant** PAST **voulu**	veux veux veut voulons voulez veulent	veuille veuillons veuillez	ai voulu as voulu a voulu avons voulu avez voulu ont voulu	voulais voulais voulait voulions vouliez voulaient	voudrai voudras voudra voudrons voudrez voudront	voudrais voudrais voudrait voudrions voudriez voudraient	veuille veuilles veuille voulions vouliez veuillent

4. Common Prepositions

a. Simple Prepositions

à	*at, in, to*	**entre**	*between, among*
après	*after*	**malgré**	*despite*
avec	*with*	**par**	*by, through*
chez	*to, at* (the house/place of a person)	**parmi**	*among*
contre	*against*	**pendant**	*during*
dans	*in, into, within*	**pour**	*for*
de	*about, from, of*	**sans**	*without*
depuis	*since*	**sauf**	*except*
derrière	*behind*	**sous**	*under*
devant	*in front of*	**sur**	*on, upon*
en	*at; by; in*	**vers**	*towards*

b. Compound Prepositions

à cause de	*because of, on account of*	**au-dessous de**	*below, beneath*
à côté de	*next to, beside*	**au-dessus de**	*above, over*
à droite (de)	*on (to) the right*	**autour de**	*around*
à force de	*by dint of*	**avant (de)**	*before*
à gauche de	*on (to) the left*	**du côté de**	*in the direction of, near*
à part	*aside from*	**en arrière de**	*behind*
à partir de	*beginning with, from*	**en dehors de**	*outside*
à travers	*through, across*	**en face de**	*opposite*
au bas de	*at the bottom of*	**grâce à**	*thanks to*
au bout de	*at the end of, after*	**jusqu'à**	*until*
au fond de	*in the bottom of*	**loin de**	*far from*
au lieu de	*instead of*	**près de**	*near*
au milieu de	*in the middle of*	**quant à**	*as for*
au sujet de	*about, concerning*		

5. Punctuation

French punctuation, though similar to English, has the following major differences:

(a) The comma is not used before *et* or *ou* in a series.

On peut aller au zoo, au jardin ou au parc.   *We can go to the zoo, the garden, or the park.*

(b) In numbers, French uses a comma where English uses a period and a period where English uses a comma.

1.400 (mille quatre cents)   *1,400 (one thousand four hundred)*
5,45 (cinq virgule quarante-cinq)   *5.45 (five point four five)*

(c) French closing quotation marks, contrary to English, precede the comma or period; however, the closing quotation marks follow the punctuation if the quotation marks enclose a completed statement.

<<Non>>, disent-ils.	*"No," they say.*
Elle a demandé: <<Est-il célèbre?>>	*She asked:"Is he famous?"*

6. Syllabication

French words are generally divided at the end of a line according to units of sound or syllables. A French syllable generally begins with a consonant and ends with a vowel.

(a) If a single consonant comes between two vowels, the division is made before the consonant.

ré-pé-ter   pré-**pare**   ri-**deau**

> NOTE: A division cannot be made either before or after **x** or **y** when **x** or **y** comes between two vowels.
>
> **exil**   **voya-ger**

(b) If two consonants are combined between two vowels, the division is made between the two consonants.

es-prit   plon-ger

> NOTE: If the second consonant is **r** or **l**, the division is made before the two consonants.
>
> ai-ma-**ble**   cou-**dre**

(c) If three or more consonants are combined between vowels, the division is made after the second consonant, except if the third consonant is **r** or **l**, when the division is made after the first consonant.

ins-pi-ra-tion   a**p-pren-dre**

(d) Two vowels may not be divided.

es-**pio**n   **pié**-ton

French-English Vocabulary

The French-English vocabulary is intended to be complete for the context of this book. Irregular plurals are given in full: **œil** (*m.*) (*pl.* **yeux**). Irregular feminine forms are also given in full: **beau** (*f.* **belle**). Regular feminine forms are indicated by **(e),** or the consonant that is doubled before adding **e**: **bon(ne)**, or the ending that replaces the masculine ending: **baigneur (-euse).**

An asterisk (*) indicates an aspirate **h**: **le haricot**.

ABBREVIATIONS

(*adj.*)	adjective	(*m.*)	masculine
(*adv.*)	adverb	(*m./f.*)	masculine or feminine
(*coll.*)	colloquial	(*pl.*)	plural
(*f.*)	feminine	(*p.p.*)	past participle
(*inf.*)	infinitive		

à at, to; **à bientôt** see you soon; **à cause de** because of; **à côté (de)** next (to); **à demain** see you tomorrow; **à droite (de)** to the right (of); **à gauche (de)** to the left (of); **à l'aise** at ease; **à l'avance** in advance; **à l'heure** on time; **à partir de** from; **à peu près** about, approximately; **à peine** hardly; **à pied** on foot; **à tout à l'heure** see you later: **à travers** across, through
abord: d'abord at first
accompagner to accompany
accomplir to accomplish
accomplissement (*m.*) accomplishment
acheter to buy
achever to complete, to finish
affaire (*f.*) affair; **affaires** (*f. pl.*) business; things
affiche (*f.*) poster
affreux terrible
agir to act
aider to help

aimer to like, love; **aimer mieux** to prefer
aliments (*m. pl.*) food
aller to go; **aller à la pêche** to go fishing; **aller à pied** to walk, to go on foot; **aller bien** to feel well; **aller mal** to feel poorly
allumer to light, to turn on
ambitieux (-euse) ambitious
amener to bring; to lead to
amour (*m.*) love
amoureux (-euse) in love
amuser to amuse; **s'amuser** to have a good time, to have fun
an (*m.*) year; **avoir... ans** to be... years old
ancien(ne) old, ancient, former
anglais(e) English
Angleterre (*f.*) England
année (*f.*) year
anniversaire (*m.*) birthday; **bon anniversaire** happy birthday
annonce (*f.*) advertisement; announcement; **annonce publicitaire** advertisement; **petite annonce** classified ad.
annuler to cancel
anxieux (-euse) anxious
août (*m.*) August
appareil-photo (*m.*) camera
appeler to call; **s'appeler** to be named, call oneself
applaudir to applaud
apporter to bring
apprécier to appreciate
apprendre (*p.p.* **appris**) to learn; **apprendre (à)** to learn; to teach
après after, afterward; **après tout** after all; **d'après** based upon, according to
après-midi (*m.*) afternoon
arbre (*m.*) tree
argent (*m.*) money; silver
arrêter to stop; to arrest; **s'arrêter (de)** to stop
arrière back
arriver to arrive, to come; to happen
arroser to water

237

ascenseur (*m.*) elevator
aspirateur (*m.*) vacuum cleaner; **passer l'aspirateur** to vacuum
asseoir to seat; **s'asseoir** to sit
assez enough; rather; **assez (de)** enough (of)
assiette (*f.*) plate
assister (à) to assist; to attend
assurance (*f.*) insurance
attendre to wait (for)
attirer to attract
au (*pl.* **aux**) at the, to the; **au bas de** at the bottom of; **au contraire** on the contrary; **au fond (de)** in/at the bottom (of); **au haut (de)** in/at the top (of) **au lieu de** instead of; **au milieu de** in the middle of; **au moins** at least; **au revoir** goodbye
aucun(e) not any
augmentation (*f.*) raise
aujourd'hui today
auquel to which
aussi also, too; as
autant as much, many
auteur (*m.*) author
automne (*m.*) fall, autumn
autour (de) around
autre other; another
autrefois formerly
avant (de) before
avant hier day before yesterday
avec with
avertir to warn
avion (*m.*) airplane; **en avion** by airplane; **par avion** by airmail
avis (*m.*) advice
avocat(e) lawyer
avoir (*p.p.* **eu**) to have; **avoir... ans** to be . . . years old; **avoir besoin (de)** to need; **avoir chaud** to be hot (*persons*); **avoir envie de** to desire, want, feel like; **avoir faim** to be hungry; **avoir froid** to be cold (*persons*); **avoir honte (de)** to be ashamed (of); **avoir l'air (de)** to appear, seem; **avoir l'habitude de** to be accustomed to, to be in the habit of; **avoir (de) la chance** to be lucky; **avoir le temps (de)** to have the time (to); **avoir mal à** to have an ache in; **avoir peur (de)** to be afraid (of); **avoir raison** to be right; **avoir soif** to be thirsty; **avoir sommeil** to be sleepy; **avoir tort** to be wrong
avouer to tell
avril (*m.*) April

bague (*f.*) ring
baigner (se) to bathe (oneself)
bain (*m.*) bath; **maillot de bain** (*m.*) bathing suit; **salle de bains** (*f.*) bathroom
baisser to lower
balle (*f.*) ball
banc (*m.*) seat, bench
banque (*f.*) bank
bas(se) low; **en bas** downstairs; **en bas (de)** at the bottom (of)
bateau (*m.*) (*pl.* **-aux**) boat
bâtir to build
battre to beat
beau, bel (*f.* **belle**) beautiful, handsome; **faire beau** to be beautiful (*weather*);
beaucoup (de) a lot (of), many, much
besoin (*m.*) need; **avoir besoin de** to need
bêtise (*f.*) foolishness
beurre (*m.*) butter

bibliothèque (*f.*) library
bicyclette (*f.*) bicycle; **monter à bicyclette** to go bicycle riding
bien well; **aller bien** to feel well; **bien sûr** of course
bien que although
bientôt soon; **à bientôt** see you soon
bifteck (*m.*) steak
bijou (*m.*) jewel
bijoutier (*m.*) jeweler
bilingue bilingual
billet (*m.*) bill; ticket
blanc(he) white
blesser (se) to hurt (oneself)
bleu(e) blue
blouson (*m.*) jacket
bœuf (*m.*) beef
boire (*pp.* **bu**) to drink
bois (*m.*) wood; woods
boisson (*f.*) drink
boîte (*f.*) box, can
bol (*m.*) bowl
bon(ne) good; **bon anniversaire** happy birthday; **bon marché** inexpensive; **de bonne heure** early
bonbon (*m.*) candy
bonheur (*m.*) happiness
bonjour hello
bouche (*f.*) mouth
boucherie (*f.*) butcher shop
boucle d'oreille (*f.*) earring
boue (*f.*) mud
bouger to move
bougie (*f.*) candle
boulangerie (*f.*) bakery
bouteille (*f.*) bottle
bouton (*m.*) button
bras (*m.*) arm
bronzer (se) to tan
brosse (*f.*) brush
brosser to brush; **se brosser** to brush oneself
brouillard (*m.*) fog

bruit (*m.*) noise
brûler to burn
brun(e) brown, brunette
bureau (*m.*) (*pl.* **-aux**) desk; office; **bureau de poste** (*m.*) post office

ça that; **ça ne fait rien** it doesn't matter
cacher to hide
cadeau (*m.*) (*pl.* **-aux**) gift, present
café (*m.*) coffee; café
cahier (*m.*) notebook
calculette (*f.*) calculator
calendrier (*m.*) calendar
camion (*m.*) truck
camionette (*f.*) van
campagne (*f.*) country
car because
carrière (*f.*) career
carte (*f.*) card; map; **carte de crédit** credit card; **carte postale** postcard
cas (*m.*) case; **en cas de** in case of
casque (*m.*) helmet
casser to break
cauchemar (*m.*) nightmare
cause (*f.*) cause; **à cause de** because of
ce it, he, she, they; this, that
ceci this
céder to yield
ceinture (*f.*) belt; **ceinture de sécurité** seat belt
cela that
célébrer to celebrate
celle the one
celui the one
cent one hundred
centre (*m.*) center; **centre commercial** shopping mall
cependant however
ces these, those
cesser to stop

cet(te) this, that
ceux the ones, these, those
chacun(e) each one
chaise (*f.*) chair
chambre (à coucher) (*f.*) bedroom
champ (*m.*) field
chance (*f.*) luck; **avoir (de) la chance** to be lucky; **bonne chance** good luck
chanceux (-euse) lucky
chanson (*f.*) song
chanter to sing
chapeau (*m.*) (*pl.* **-aux**) hat
chapitre (*m.*) chapter
chaque each
charmant(e) charming
chat(te) cat
château (*m.*) (*pl.* **-aux**) castle
chaud(e) warm, hot; **avoir chaud** to be hot (of persons); **faire chaud** to be warm / hot (weather)
chauffer to heat
chaussette (*f.*) sock
chaussure (*f.*) shoe
chef (*m.*) chef, cook, chief, head
chemin (*m.*) road, route
cheminée (*f.*) fireplace
chemise (*f.*) shirt
chèque (*m.*) check; **chèque de voyage** traveler's check
cher (-ère) dear; expensive
chercher to look for, search
cheval (*m.*) (*pl.* **-aux**) horse; **cheval à bascule** rocking horse
cheveu (*m.*) (*pl.* **-eux**) hair (*one strand*)
chez to / at (the house / place of)
chien(ne) dog
chiffre (*m.*) number
chimie (*f.*) chemistry
chœur (*m.*) chorus

choisir to choose
choix (*m.*) choice
chose (*f.*) thing
chouette great
ciel (*m.*) (*pl.* **cieux**) heaven, sky
cinéma (*m.*) movies
cinq five
cinquante fifty
cirque (*m.*) circus
ciseaux (*m. pl.*) scissors
citoyen(ne) citizen
classe (*f.*) classe; **salle de classe** classroom (*f.*)
classement (*m.*) rank
clef (*f.*) key
climatisé(e) air conditioned
cloche (*f.*) bell
cœur (*m.*) heart
coiffer (se) to do one's hair
coiffeur (-euse) hairdresser
coin (*m.*) corner
colère (*f.*) anger
collège (*m.*) secondary school
collier (*m.*) necklace
combattre to fight
combien (de) how many, much
commander to order
comme as, like
commencer to begin
comment how
commérage (*m.*) gossip
compagnie (*f.*) company
comportement (*m.*) behavior
comporter (se) to behave
comprendre (*p.p.* **compris**) to understand
compter to count; to intend
conduire (*p.p.* **conduit**) to drive; **permis** (*m.*) **de conduire** driver's license
confiant(e) confident
congé; jour (*m.*) **de congé** day off
connaissance (*f.*) acquain-

tance, knowledge; **faire la connaissance de** to meet
connaître (*p.p.* **connu**) to know, to be acquainted with
conquête (*f.*) conquest
consacrer to devote
conseiller to advise
conseil (*m.*) advice
consommer to consume
construire (*p.p.* **construit**) to construct, build
conte (*m.*) story, tale
contraire (*m.*) opposite; **au contraire** on the contrary
contre against
convenable suitable
copain (*f.* **copine**) friend, pal
corps (*m.*) body
correspondant(e) pen pal
corriger to correct
côté (*m.*) side; **à côté (de)** next (to); **de côté** aside; **de l'autre côté** on the other side
coucher to put to bed; **se coucher** to go to bed
coude (*m.*) elbow
couleur (*f.*) color
couper to cut
couramment fluently
courir (*pp.* **couru**) to run
couronner to crown
courrier (*m.*) mail; **courrier électronique** e-mail
cours (*m.*) course, subject
course (*f.*) errand; race ; **faire des courses** to go shopping
court(e) short
couteau (*m.*) (*pl.* **-eaux**) knife
coûter to cost; **coûter cher** to be expensive
couvert (*m.*) cover; **mettre le couvert** to set the table
couvrir (*p.p.* **couvert**) to cover
craindre (*p.p.* **craint**) to fear
cravate (*f.*) tie

crayon (*m.*) pencil
créateur (*m.*) creator
créer to create
crémerie (*f.*) dairy
crier to shout
croire (*p.p.* **cru**) to believe
croix (*f.*) cross
cuillère (*f.*) spoon
cuir (*m.*) leather
cuisine (*f.*) kitchen; cooking; **faire la cuisine** to cook
cuisiner to cook

d'abord first, at first
d'accord okay; all right?
dans, in, into, within
date (*f.*) date
davantage more
de of, about, from; **d'abord** at first; **d'après** based upon; **de bonne heure** early; **de côté** aside; **de l'autre côté** on the other side; **de nouveau** again; **de rien** you're welcome; **de temps en temps** from time to time
débarrasser to clear
débat (*m.*) debate
debout standing up
débrouiller to untangle; **se débrouiller** to manage
décembre December
décoller to take off
décorer to decorate
découper to cut out
découverte (*f.*) discovery
découvrir (*p.p.* **découvert**) to discover
décrire (*p.p.* **décrit**) to describe
dédain (*m.*) disdain
dedans inside, within
défendre to defend; to forbid
défilé (*m.*) parade
dehors outside
déjà already

déjeuner to eat lunch
demain tomorrow; **à demain** see you tomorrow
demander to ask (for)
déménager to move (*to another residence*)
demi(e) half; **demi-heure** (*f.*) half hour
démodé(e) out of style
dent (*f.*) tooth; **brosse à dents** tooth brush
dépêcher to dispatch; **se dépêcher** to hurry
dépenser to spend (*money*)
déposer to put, deposit
depuis for, since
déranger to bother, disturb
dernier (-ière) last
derrière behind
des some; of the; from the; about the
descendre to go down; to take down
déshabiller to undress; **se déshabiller** to get undressed
désigné(e) designated
désobéir (à) to disobey
désolé(e) sorry
désordre (*m.*) disorder
dessin (*m.*) drawing, design; **dessin animé** cartoon
dessiner to draw
détester to hate
deux two
devant in front (of)
devenir (*p.p.* **devenu**) to become
devoir to have to, must
devoirs (*m. pl.*) homework
d'habitude usually
diamant (*m.*) diamond
dictionnaire (*m.*) dictionary
difficile difficult
diligent(e) hard working
dimanche (*m.*) Sunday

dîner (*m.*) dinner
dire (*pp.* **dit**) to say, to tell
directeur (*f.* **directrice**) director, principal
diriger to direct
discuter (de) to discuss
disponible available
dispute (*f.*) quarrel
divertissement (*m.*) diversion
diviser to divide
dix ten
dix-huit eighteen
dix-neuf nineteen
dix-sept seventeen
doigt (*m.*) finger
donc therefore
donner to give
dont of, about, for whom, which, whose
dormir to sleep
dortoir (*m.*) dormitory
dos (*m.*) back; **sac** (*m.*) **à dos** backpack
d'où from where
doute (*m.*) doubt; **sans doute** without a doubt
douteux (-euse) doubtful
doux (*f.* **douce**) sweet, mild, gentle
douzaine (*f.*) dozen
douze twelve
droit(e) right; **tout droit** straight ahead
drôle funny; strange
drôlement rather
du some, any; of the
duquel of, about, from which
dur(e) hard
durer to last

eau (*f.*) water; **eau minérale** mineral water
échapper to escape
écharpe (*f.*) scarf
échecs (*m. pl.*) chess
éclater to burst out

école (*f.*) school
écouter to listen (to)
écrire (*pp.* **écrit**) to write
écrivain (*m.*) writer
édifice (*m.*) building
effacer to erase
église (*f.*) church
égoïste selfish
élève (*m./f.*) student
élever to bring up, raise
élir (*p.p.* **élu**) to elect
elle she, it, her
elles they, them
embarquement (*m.*) boarding
embrasser to kiss
émission (*f.*) program
emmener to take away, to lead away
empêcher (de) to prevent (from)
emploi (*m.*) job; **emploi du temps** (*m.*) schedule, program
employer to use
emporter to take along
emprunter (à) to borrow (from)
en about it/them, from it/them, of it/them; from there; some
en in; to ; **en avion** by airplane; **en bas** downstairs, **en bas (de)** at the bottom (of); **en cas de** in case of; **en face (de)** opposite; **en haut** upstairs; **en place** in place; **en retard** late; **en ville** downtown
encore still, yet, again
endroit (*m.*) place
énerver to bother
enfant (*m./f.*) child
enfin at last, finally
enlever to remove, to take off
ennui (*m.*) boredom, problem
ennuyer to bore; to bother;

s'ennuyer to become bored
énormément enormously, a great deal
enrhumé(e) sick with a cold
enseigner to teach
ensemble together
ensuite then
entendre to hear
entier (-ère) entire, whole
entraîneur (*m.*) coach, trainer
entre between, among
entrée (*f.*) entrance
entreprendre (*p.p.* **entrepris**) to undertake
envahir to invade
envers towards
envie (*f.*) desire, want; **avoir envie (de)** to desire, to want; to feel like
envoyer to send
épargner to save
épaule (*f.*) shoulder
épicerie (*f.*) grocery store
époque (*f.*) era
épouser to marry
épuisé(e) exhausted
équipe (*f.*) team
escalier (*m.*) staircase
espace (*m.*) space
espagnol (e) Spanish
espérance (*f.*) hope; **espérance de vie** life expectancy
espérer to hope
espoir (*m.*) hope
esprit (*m.*) spirit, mind
essayer (de) to try (to)
essuyer to wipe
estomac (*m.*) stomach
et and, plus
établir to establish
étage (*m.*) floor, story
état (*m.*) state; **États-Unis** (*m. pl.*) United States
été (*m.*) summer; **en été** in the summer
étoile (*f.*) star

étonner to astonish
étrange strange
étranger (-ère) foreigner; **à l'étranger** abroad
être (*p.p.* **été**) to be; **être à** to belong to; **être en train de** to be (in the act of) doing something
étroit(e) narrow
étude (*f.*) study
étudiant(e) student
étudier to study
eux they, them
évanouir (s') to faint
événement (*m.*) event
éviter to avoid
examen (*m.*) test
exemple (*m.*) example; **par exemple** for example
exercer to exercise; **s'exercer** to get exercise
expérience (*f.*) experience, experiment
explication (*f.*) explanation
expliquer to explain
exprimer to express

fâcher (se) to become angry
facile easy
façon (*f.*) fashion, way, manner; **de cette façon** this way
facteur (*m.*) (*f.* **factrice**) postal worker
facture (*f.*) bill
faible weak
faim (*f.*) hunger; **avoir faim** to be hungry
faire (*p.p.* **fait**) to make, do; **faire attention (à)** to pay attention (to); **faire beau** to be beautiful (*weather*); **faire chaud** to be warm / hot (*weather*); **faire de son mieux** to do one's best; **faire des courses** to go shopping; **faire du camping** to go camping; **faire du lèche-vitrines** to go window shopping; **faire du patin à glace** to go ice skating; **faire du soleil** to be sunny; **faire du sport** to play sports; **faire du vent** to be windy; **faire frais** to be cool (*weather*); **faire froid** to be cold (*weather*); **faire (la) connaissance (de)** to make the acquaintance (of); **faire la vaisselle** to do the dishes; **faire le lit** to make the bed; **faire le ménage** to do the housework; **faire mauvais** to be bad (*weather*); **faire partie de** to belong to; **faire plaisir (à)** to please; **faire un voyage** to take a trip; **faire une promenade** to go for a walk
fait (*m.*) fact
falloir to be necessary
famille (*f.*) family; **en famille** with the family
fatigué(e) tired
faute (*f.*) mistake, fault
fauteuil (*m.*) armchair
faux, (*f.* **fausse)** false
femme (*f.*) woman, wife; **femme de ménage** cleaning woman
fenêtre (*f.*) window
fermer to close
fermier (*m.*) (**-ière**) farmer
fête (*f.*) feast, holiday, party
feu (*m.*) fire, traffic light
feuille (*f.*) sheet, leaf
février (*m.*) February
fidèle faithful
fier (*f.* **fière**) proud
fier à (se) to trust
figure (*f.*) face
fille (*f.*) daughter, girl
fils (*m.*) son; **petit-fils** (*m.*) grandson
fin (*f.*) end
finalement finally
finir to finish
fleur (*f.*) flower
fleuve (*m.*) river
fois (*f.*) time (*in a series*)
fond (*m.*) bottom; **au fond (de)** at the bottom (of)
fonder to found
fonds (*m. pl.*) funds
fontaine (*f.*) fountain
forêt (*f.*) forest
formidable great
fort(e) strong; loud (*voice*)
fou (*f.* **folle**) crazy
fourchette (*f.*) fork
fourrure (*f.*) fur
frais (*f.* **fraîche**) fresh, cool; **faire frais** to be cool (*weather*)
fraise (*f.*) strawberry
franc(he) frank
français(e) French
francophone French-speaking
frapper to knock
frêle frail
frère (*m.*) brother
friandise (*f.*) delicacy
frites (*f. pl.*) French fries
froid(e), froid (*m.*) cold; **avoir froid** to be cold (*persons*); **faire froid** to be cold (*weather*)
fromage (*m.*) cheese
fruit (*m.*) fruit; **fruits de mer** (*m. pl.*) seafood
fruiterie (*f.*) fruit store
fumer to smoke
furieux (-euse) furious

gagner to win; to earn
gant (*m.*) glove
garçon (*m.*) boy; waiter
garder to keep; to take care of
gare (*f.*) train station

garnir to garnish
gâteau (*m.*) cake; **gâteau au chocolat** chocolate cake
gauche left
gêné(e) annoyed
génial(e) terrific
genre (*m.*) type
gens (*m. pl.*) people
gentil(le) kind, nice
glace (*f.*) ice; ice cream; mirror
gorge (*f.*) throat
goûter to taste
gracieux (-euse) graceful, gracious
grammaire (*f.*) grammar
grand(e) large, big; tall
grandir to grow
grand-mère (*f.*) grandmother
grand-père (*m.*) grandfather
grenier (*m.*) attic
grippe (*f.*) flu
gris(e) gray
gros(se) big; fat
grossir to become fat
guérir to cure
guerre (*f.*) war
guichet (*m.*) ticket window

habiller to dress; **s'habiller** to get dressed
habitant(e) inhabitant
habiter to live (in)
habits (*m. pl.*) clothes
habitude (*f.*) habit; **avoir l'habitude de** to be accustomed to, to be in the habit of; **d'habitude** usually
*****hasard** (*m.*) chance
*****hausser** to raise; **hausser les épaules** to shrug one's shoulders
*****haut(e)** high; loud (*voice*); **au haut (de)** in / at the top (of); **en haut** upstairs
*****hauteur** (*f.*) height
*****haut-parleur** (*m.*) loud speaker
heure (*f.*) hour; **à l'heure** on time; **à tout à l'heure** see you later; **de bonne heure** early
heureux (-euse) happy
*****hibou** (*m.*) owl
hier yesterday
histoire (*f.*) story, history
hiver (*m.*) winter
homme (*m.*) man
honnête honest
*****honte** (*f.*) shame; **avoir honte** to be ashamed
horaire (*m.*) schedule
*****hors** outside
*****huit** eight
humeur (*f.*) mood

ici here
idée (*f.*) idea
il he, it
il y a there is/are; **il n'y a pas de quoi** you're welcome
île (*f.*) island
ils they
image (*f.*) picture
immeuble (*m.*) apartment building
impoli(e) impolite
inattendu(e) unexpected
inconnu(e) unknown
incroyable incredible
infirmier (-ière) nurse
informations (*f. pl.*) news
informatique (*f.*) computer science
ingénieur (*m.*) engineer
ingérer to ingest
injuste unfair
inquiet (-ète) worried, anxious, uneasy
inquiéter to worry; **s'inquiéter de** to become worried (about)
interdire to forbid
interro(gation) (*f.*) quiz
interrompre to interrupt
intime intimate
intuitif (-ive) intuitive
inutile useless
itinéraire (*m.*) itinerary

jaloux (-ouse) jealous
jamais never, ever; **jamais de la vie** out of the question; **ne... jamais** never
jambe (*f.*) leg
janvier (*m.*) January
jardin (*m.*) garden
jaune yellow
je I
jeter to throw; **se jeter** to empty (*river*)
jeu (*m.*) game; **jeu de cartes** card game
jeudi (*m.*) Thursday
jeune young
jeunesse (*f.*) youth
joie (*f.*) joy
joli(e) pretty
jouer to play; **jouer à** to play (*a game / a sport*); **jouer de** to play (*a musical instrument*)
jour (*m.*) day
jouir to enjoy
journal (*m.*) (*pl.* **-aux**) newspaper; journal
journée (*f.*) day
joyeux (-euse) joyous
juge (*m.*) judge
jugement (*m.*) judgment
juillet (*m.*) July
juin (*m.*) June
jupe (*f.*) skirt
jurer to swear
jus (*m.*) juice
jusqu'à until
juste fair; right

la the; her, it
là there

lac (*m.*) lake
laid(e) ugly
laine (*f.*) wool
laisser to leave, to let
lait (*m.*) milk
lancer to throw
langue (*f.*) language
larme (*f.*) tear
laver to wash; **laver la vaisselle** to do the dishes; **machine à laver** washing machine; **se laver** to wash oneself
le the; him, it
leçon (*f.*) lesson
léger (-ère) light (*weight*)
légume (*m.*) vegetable
lent(e) slow
lentement slowly
lequel which (one)
les the; them, to them
leur their; to them
lever to raise, lift; **se lever** to get up
librairie (*f.*) bookstore
libre free
lieu (*m.*) place; **au lieu (de)** instead (of)
ligne (*f.*) line
linge (*m.*) laundry
lire (*p.p.* **lu**) to read
lit (*m.*) bed; **faire le lit** to make the bed
livre (*m.*) book
location (*f.*) rental
loi (*f.*) law
loin (de) far (from)
loisir (*m.*) leisure
longtemps a long time
lors then
loterie (*f.*) lottery
louer to rent
lourd(e) heavy
lui he, him, to him, her, to her
lundi (*m.*) Monday
lune (*f.*) moon
lunettes (*f. pl.*) eyeglasses; **lunettes de soleil** sunglasses
lutter to fight
luxueux (-euse) luxurious
lycée (*m.*) high school

ma my
magasin (*m.*) store; **grand magasin** department store
magnifique magnificent
mai (*m.*) May
maigrir to lose weight
maillot de bain (*m.*) bathing suit
main (*f.*) hand
maintenant now
maire (*m.*) mayor
mais but
maison (*f.*) house; **maison des jeunes et de la culture (M.J.C.)** youth center
maître-nageur (*m.*) lifeguard
mal bad(ly); **aller mal** to feel poorly; **avoir mal à** to have an ache in
malade sick
malgré in spite of
malheureux (-euse) unhappy
manger to eat
manquer to lack, to be missing
manteau (*m.*) coat
maquiller to apply make-up; **se maquiller** to put on one's make-up
marché (*m.*) market; **bon marché** inexpensive
marcher to walk; to work, function
mardi (*m.*) Tuesday
mari (*m.*) husband
marier to marry; **se marier (avec)** to marry
marine (*f.*) navy
mars (*m.*) March

matière (*f.*) subject
matin (*m.*) morning
mauvais(e) bad; **faire mauvais** to be bad (*weather*)
me me, to me
méchant(e) naughty, wicked
médaille (*f.*) medal
médecin (*m.*) doctor
médicament (*m.*) medicine
meilleur(e) best
mélanger to mix
même same (*adj.*); even (*adv.*)
menacer to threaten
ménage (*m.*) household; **faire le ménage** to do the housework
ménager (-ère) household
mener to lead
mensonge (*m.*) lie
mentir to lie
mer (*f.*) sea; **au bord de la mer** to / on the seashore
merci thank you
mercredi (*m.*) Wednesday
mère (*f.*) mother
merveilleux (-euse) marvelous
mes my
météo (*f.*) weather report
métier (*m.*) job
métro (*m.*) subway
mettre (*p.p.* **mis**) to put (on); **mettre la table** to set the table; **mettre le couvert** to set the table; **se mettre à** to begin to; **se mettre en route** to start out
meuble (*m.*) piece of furniture; **meubles** (*m. pl.*) furniture
midi (*m.*) noon
mien (-ne) mine
mieux better; **aimer mieux** to prefer; **faire de son mieux** to do one's best
milieu (*m.*) center, middle;

au milieu in the middle
mille (**mil** in dates) (one) thousand
milliard (*m.*) billion
million (*m.*) million
minuit (*m.*) midnight
miroir (*m.*) mirror
mode (*f.*) style
moi I, me
moins less, minus; **au moins** at least; **moins (de)** less, fewer
mois (*m.*) month
mon my
monde (*m.*) world; **tout le monde** everybody; **faire le tour du monde** to go around the world
montagne (*f.*) mountain
monter to go up, climb; to carry up; **monter à bicyclette** to go bicycle riding
montre (*f.*) watch
montrer to show
moquer (se)... de to make fun of
morceau (*m.*) piece
mort(e) dead
mot (*m.*) word
mourir (*p.p.* **mort**) to die
moyen (*m.*) means; **moyen de transport** means of transportation
mur (*m.*) wall
musée (*m.*) museum

nager to swim
naïf, (-ve) naive
naissance (*f.*) birth
naître (*p.p.* **né**) to be born
natation (*f.*) swimming
ne... jamais never; **ne... aucun(e)** not any; **ne... nulle part** nowhere; **ne... pas** not; **ne... personne** nobody, no one; **ne... plus** no longer, no more, anymore; **ne... que** only; **ne... rien** nothing; **ne... ni... ni** neither... nor
négliger to neglect
neiger to snow
nerveux (-euse) nervous
n'est-ce pas? isn't that so?
nettoyer to clean
neuf nine
neuf (-ve) new
neveu (*m.*) nephew
nez (*m.*) nose
noces (*f. pl.*) wedding
noir(e) black; **noir** (*m.*) darkness
nom (*m.*) name; **nom de famille** last name
nos our
note (*f.*) note, grade, bill
notre our
nourrir to feed
nourriture (*f.*) food
nous we, us, to us
nouveau, nouvel (*f.* **nouvelle**) new; **de nouveau** again
nouvelles (*f. pl.*) news
novembre (*m.*) November
nuage (*m.*) cloud
nuit (*f.*) night; **table de nuit** (*f.*) night table
numéro (*m.*) number; **numéro de téléphone** telephone number

obéir (à) to obey
obtenir (*p.p.* **obtenu**) to obtain
occasion (*f.*) occasion, opportunity
occupé(e) busy
octobre (*m.*) October
œil (*m.*) (*pl.* **yeux**) eye; **un coup d'œil** glance
œuf (*m.*) egg
œuvre (*f.*) work
offrir (*p.p.* **offert**) to offer
oiseau (*m.*) bird
on one, we, you, they, people (*in general*)
ongle (*m.*) fingernail
onze eleven
or (*m.*) gold
orage (*m.*) storm
ordinateur (*m.*) computer
ordonner to order
ordures (*f. pl.*) garbage
oreille (*f.*) ear
orthographe (*m.*) spelling
ou or
où where
oublier to forget
oui yes
ouvrage (*m.*) work
ouvrir (*p.p.* **ouvert**) to open

pain (*m.*) bread;
paix (*f.*) peace
palais (*m.*) palace
panne (*f.*) breakdown
pantalon (*m.*) pants
pape (*m.*) pope
papier (*m.*) paper
paquet (*m.*) package
par by, through, per; **par conséquent** consequently; **par exemple** for example; **par avion** by airmail
parapluie (*m.*) umbrella
parce que because
pardonner to forgive, to excuse
pareil(le) similar
paresseux (-euse) lazy
parfait(e) de perfect
parfois sometimes
parler to speak
parmi among
partager to share, to divide
partie (*f.*) part; **faire partie de** to belong to
partiel(le) partial

partir to leave, to go away; **à partir de** from
partout everywhere
pas not; **pas du tout** not at all; **pas encore** not yet; **ne... pas** not
passager (-ère) passenger
passé(e) past; **l'année passée** last year
passer to pass; to spend (*time*); **passer l'aspirateur** to vacuum; **passer un examen** to take a test; **se passer** to take place
patin (*m.*) skate; **patin à glace** ice skate, ice skating
patiner to skate
pâtissier (-ière) pastry maker
patron(ne) boss
pauvre poor
pays (*m.*) country
paysan(ne) peasant
peau (*f.*) skin
pêcher to fish
peigner to comb; **se peigner** to comb one's hair
peindre (*p.p.* **peint**) to paint
peintre (*m.*) painter
peinture (*f.*) painting
pelouse (*f.*) lawn
pendant during; **pendant que** while
pendre to hang
penser to think; to intend
perdre to lose
père (*m.*) father
personne (*f.*) person
personne (ne) nobody, no one; **ne... personne** nobody, no one
peser to weigh
petit(e) little, small; **petit ami** (*m.*) boyfriend; **petite amie** (*f.*) girlfriend
peu (de) little, few; **à peu près** about, approximately; **un**

peu a little
peur (*f.*) fear; **avoir peur de** to be afraid of
peut-être perhaps, maybe
pièce (*f.*) play
pied (*m.*) foot; **aller à pied** to walk, go on foot
pire worse, the worst
piscine (*f.*) swimming pool
plage (*f.*) beach
plaindre (se) to complain
plaire to please
plaisanter to joke around
plaisir (*m.*) pleasure
plat (*m.*) dish
plateau (*m.*) tray
plein(e) full; **en plein air** outdoors
pleurer to cry
pleuvoir (*p.p.* **plu**) to rain
plonger to plunge, to dive
pluie (*f.*) rain
plus (de) more; **plus tard** later; **ne... plus** no longer, no more, anymore
plusieurs several
plutôt rather
poche (*f.*) pocket
poids (*m.*) weight
poisson (*m.*) fish
poivrier (*m.*) pepper shaker
poli(e) polite
politique (*m.*) politician
pomme (*f.*) apple
porte (*f.*) door, gate
portefeuille (*m.*) wallet
porter to carry; to wear
poser to place; to ask (*questions*)
posséder to possess, own
poste (*f.*) post office; **bureau de poste** (*m.*) post office
poste (*m.*) job
poterie (*f.*) pottery
poulet (*m.*) chicken
pour for, in order to; **pour**

que in order that
pourquoi why
pousser to push; to grow
pouvoir (*p.p.* **pu**) to be able to, can
pratiquer to practice
précieux (-euse) precious, important
prédire (*p.p.* **prédit**) to predict
préférer to prefer
premier (-ière) first
prendre (*p.p.* **pris**) to take
près (de) near; **à peu près** about, approximately
présenter to introduce; to offer
pressé(e) in a hurry
prêt(e) ready
prêter to lend
prévoir (*p.p.* **prevu**) to foresee
printemps (*m.*) spring
prise (*f.*) capture
privé(e) private
prix (*m.*) prize; price
prochain(e) next
produit (*m.*) product
profond(e) deep
promenade (*f.*) walk; **faire une promenade** to go for a walk
promener to walk; **se promener** to take a walk
promesse (*f.*) promise
propreté (*f.*) cleanliness
propriétaire (*m.*) owner
protéger to protect
psychologue (*m.*) psychologist
puis then
puisque since
punir to punish
punition (*f.*) punishment

quand when
quarante forty
quart (*m.*) quarter
quartier (*m.*) neighborhood
quatorze fourteen

quatre four
quatre-vingt-dix ninety
quatre-vingts eighty
quatrième fourth
que that, whom, which; what; than; **ce que** that which, what; **qu'est-ce que** what
quel(le) what, which; what a
quelque some; **quelques** (*m./f. pl.*) a few, some
quelque chose something
quelquefois sometimes
quelqu'un someone
qui who, whom, which, that
quinze fifteen
quitter to leave
quoi what; **(il n'y a) pas de quoi** you're welcome

raconter to tell; to describe
raison (*f.*) reason; **avoir raison** to be right
ramasser to pick up
ramener to bring back
rang (*m.*) row
ranger to put away; to put in order, straighten, arrange, tidy
rappeler to recall; **se rappeler** to remember
rapport (*m.*) report
raser to shave; **se raser** to shave (oneself)
rater to fail, to miss
ravi(e) delighted
rayon (*m.*) section
réagir to react
récemment recently
recette (*f.*) recipe
recevoir (*p.p.* **reçu**) to receive
recherche (*f.*) search
rechercheur (-euse) researcher
réconcilier (se) to reconcile
rédiger to edit
redoublement (*m.*) repeating of a grade in school

réfléchir to reflect, to think
regarder to look at, to watch
régime (*m.*) diet
règle (*f.*) rule
relever to lift
remercier to thank
remettre (*p.p.* **remis**) to put back; to deliver
remonter to raise
remplacer to replace
remplir to fill (out)
rencontrer to meet
rendez-vous (*m.*) meeting, date
rendre to give back, to return; **rendre visite (à)** to visit
renommé(e) renowned
renommée (*f.*) renown
renoncer (à) to give up, to renounce
renseignements (*m.pl.*) information
rentrée (*f.*) return
rentrer to return
renverser to overturn
renvoyer to send back; to fire
réparer to repair
repas (*m.*) meal
repasser to review
répéter to repeat
répondre (à) to answer
reposer to rest; **se reposer** to rest, to relax
résoudre (*p.p.* **résolu**) to solve, to resolve
respirer to breathe
ressembler (à) to resemble; **se ressembler** to look alike
rester to remain, to stay
résultat (*m.*) result
retard (*m.*) lateness; **en retard** late
retour (*m.*) return
retourner to return
retraite (*f.*) retirement
réunion (*f.*) meeting

réussir (à) to succeed (in)
rêve (*m.*) dream
réveil (*m.*) alarm clock
réveiller to awaken; **se réveiller** to wake up
revenir (*p.p.* **revenu**) to come back
rêver to dream
revoir (*p.p.* **revu**) to see again
rideau (*m.*) curtain
rien (ne) nothing; **de rien** you're welcome; **ne... rien** nothing
rire (*p.p.* **ri**) to laugh
risque (*m.*) risk
robe (*f.*) dress
roi (*m.*) king
roman (*m.*) novel
rompre to break
rôtir to roast
rouge (*m.*) red
rougir to blush
rouler to roll along
route (*f.*) road, route; **en route** on the way; **se mettre en route** to start out
rue (*f.*) street

sa his, her
sac (*m.*) bag, sack, pocketbook; **sac à dos** backpack; **sac de couchage** sleeping bag
sain(e) healthy
saisir to seize, to grab
saison (*f.*) season
sale dirty
salle (*f.*) room; **salle à manger** dining room; **salle de bains** bathroom; **salle de classe** classroom
salon (*m.*) living room; lounge
saluer to greet
samedi (*m.*) Saturday
sans without; **sans doute** without a doubt
sans-abri (*m.*) homeless person

santé (*f.*) health
sauver to save
savoir (*p.p.* **su**) to know (how to)
scolaire school
se (to) himself, (to) herself, (to) oneself, (to) themselves
sec (*f.* **sèche**) dry
sécher to dry
seize sixteen
selon according to
semaine (*f.*) week
sentir to feel, to smell
sept seven
septembre (*m.*) September
sérieux (-euse) serious
serveur (-euse) waiter/waitress
serviette (*f.*) briefcase; napkin
servir (de) to serve (as)
ses his, her
seul(e) only, single, alone
seulement only
si if; yes; so
siècle (*m.*) century
siffler to whistle
s'il te (vous) plaît please
six six
société (*f.*) company; society
sœur (*f.*) sister
soie (*f.*) silk
soif (*f.*) thirst; **avoir soif** to be thirsty
soin (*m.*) care; **prendre soin (de)** to take care (of)
soir (*m.*) evening
soirée (*f.*) party
soixante sixty
soixante-dix seventy
soldat (*m.*) soldier
solde (*f.*) sale
soleil (*m.*) sun; **faire du soleil** to be sunny
sommeil (*m.*) sleep; **avoir sommeil** to be sleepy
son his, her

songer (à) to think (of)
sortir to go out
souffler to blow
souffrir (*p.p.* **souffert**) to suffer
souhaiter to wish
soulier (*m.*) shoe
souligner to underline
sourciller to bat an eyelid
sourire (*m.*) smile
sous under
sous-marin (*m.*) submarine
souvent often
spectacle (*m.*) show
sportif (-ve) sports, sporty
stade (*m.*) stadium
stupéfait(e) stupefied
stylo (*m.*) pen
suggérer to suggest
suivre (*p.p.* **suivi**) to follow
superficie (*f.*) area
sur on, upon
sûr(e) sure; **bien sûr** of course
surprendre (*p.p.* **surpris**) to surprise
surtout especially
surveiller to watch over
survivre (*p.p.* **survécu**) to survive
sympathique likable, nice

ta your
table (*f.*) table
tableau (*m.*) chalkboard; painting
tâche (*f.*) task
taire (se) (*p.p.* **tu**) to be quiet
tandis que while
tant so much / many; **tant pis** too bad
tante (*f.*) aunt
tapis (*m.*) rug
tard late; **plus tard** later
tasse (*f.*) cup
te you, to you
tellement so

tempête (*f.*) storm
temps (*m.*) time; weather; **emploi** (*m.*) **du temps** schedule, program; **de temps en temps** from time to time
tente (*f.*) tent
terrain (*m.*) field
terre (*f.*) earth, land; **par terre** on the ground
tête (*f.*) head
thé (*m.*) tea
timbre (*m.*) stamp
tirelire (*f.*) piggy bank
toi you
tomber to fall; **tomber amoureux** to fall in love
ton your
tondre to mow
tort (*m.*) error; **avoir tort** to be wrong
tortue (*f.*) turtle
tôt early; soon
toucher to touch; **toucher un chèque** to cash a check
toujours always, still
tour (*m.*) tour; **faire le tour du monde** to go around the world
tourner to turn
tout everything, quite, entirely
tout(e) (*m. pl.* **tous**) all; every; **à tout à l'heure** see you later; **après tout** after all; **tous les jours** every day; **tout à coup** suddenly; **tout à fait** entirely; **tout d'un coup** suddenly; **tout de suite** immediately; **tout droit** straight ahead; **tout le monde** everybody; **tout le temps** all the time
trahir to betray
train (*m.*) train; **être en train de** to be in the process of (do)ing)

tranche (*f.*) slice
travail (*m.*) (*pl.* **-aux**) work; **travaux ménagers** housework
travailler to work
travers: à travers across, through
traverser to cross
treize thirteen
trente thirty
très very
tricoter to knit
triste sad
trois three
tromper to deceive; **se tromper** to make a mistake
trop (de) too; too many, too much
trouver to find; **se trouver** to be (found)
tu you

un(e) a, an, one
utile useful
utiliser to use

vacances (*f. pl.*) vacation; **colonie de vacances** (*f.*) camp
vache (*f.*) cow
vague (*f.*) wave
vainqueur (*m.*) conqueror
vaisselle (*f.*) dishes; **faire laver la vaisselle** to do the dishes
valeur (*f.*) worth
valoir (*p.p.* **valu**) to be worth
vanter (se) to boast
vedette (*f.*) star
vendeur (-euse) salesperson
vendre to sell
vendredi (*m.*) Friday
venir (*p.p.* **venu**) to come
vent (*m.*) wind; **faire du vent** to be windy
vérité (*f.*) truth
verre (*m.*) glass
vers towards
vert(e) green
vertige (*m.*) dizziness
vertu (*f.*) virtue
vêtements (*m. pl.*) clothes; **vêtements sport** sport clothes
viande (*f.*) meat
vide empty
vie (*f.*) life
vieux, vieil, (*f.* **vieille**) old
vif (-ive) lively
ville (*f.*) city; **en ville** downtown
vingt twenty

vite rapidly, quickly
vitrine (*f.*) store window
vivre (*pp.* **vécu**) to live
voici here!, here is / are
voie (*f.*) route
voilà there!, there is / are
voir (*p.p.* **vu**) to see
voisin(e) neighbor
voisinage (*m.*) neighborhood
voiture (*f.*) car; **voiture de sport** sports car
voix (*f.*) voice; **à haute voix / à voix haute** out loud; **à voix basse** in a low voice
vol (*m.*) flight
voler to fly
vos your
votre your
vouloir (*p.p.* **voulu**) to want
vous you, to you
voyager to travel
voyant(e) fortune teller
vrai(e) true
vraiment truly, really

y to it/them, in it/them, on it/them; there; **il y a** there is
yeux (*m. pl*) eyes

English-French Vocabulary

The English-French vocabulary is sufficient for the needs of this book.

ABBREVIATIONS

(*adj.*)	adjective	(*inf.*)	infinitive
(*adv.*)	adverb	(*m.*)	masculine
(*f.*)	feminine	(*pl.*)	plural

A.M. du matin
able: to be able pouvoir
about à peu près; de
accompany accompagner
according to selon
acquaintance connaisssance (*f.*)
across à travers
act agir
active actif (-ive)
activity activité (*f.*)
actress actrice (*f.*)
add ajouter
address adresse (*f.*)
advance avance (*f.*); **in advance** à l'avance
advice conseils (*m. pl.*)
advise conseiller
afraid: be afraid avoir peur
after après
afternoon après-midi (*m.*)
again encore une fois
age âge (*m.*)
airplane avion (*m.*)
airport aéroport (*m.*)
all tout(e) (*m. pl.*) tous; **all the time** tout le temps
allow permettre
almost presque
alone seul(e)
also aussi
always toujours
ambitious ambitieux (-euse)
amusing amusant(e)
ancient ancien(ne)
and et

angry fâché(e)
anniversary anniversaire (*m.*)
another un autre (*m.*)
answer répondre (à); réponse (*f.*)
any aucun, de
anybody ne... personne
anymore ne... plus
anyone quelqu'un, ne... personne
anything quelque chose, ne... rien
appear apparaître, avoir l'air
apple pomme (*f.*)
April avril (*m.*)
argument dispute (*f.*)
arm bras (*m.*)
around autour (de)
artist artiste (*m.*) or (*f.*)
as comme; **as... as** aussi... que; **as much... as** autant de... que
ask (for) demander
at à; **at home** à la maison
athletic sportif (-ive)
attend assister à
attentive attentif (-ive)
August août (*m.*)
aunt tante (*f.*)
autumn automne (*m.*)
awful affreux (*f.* affreuse)

baby bébé (*m.*)
back dos (*m.*)
backpack sac à dos (*m.*)

bad mauvais(e)
bag sac (*m.*)
baker boulanger (-ère); pâtissier (-ière); **bakery** boulangerie (*f.*)
ballet ballet (*m.*)
bank banque (*f.*); (**river**) rive (*f.*)
basement sous-sol (*m.*)
bathing suit maillot de bain (*m.*)
bathroom salle de bains (*f.*)
be être; **to be... years old** avoir... ans
beach plage (*f.*)
beautiful beau, bel (*f.* belle)
because car, parce que
become devenir; **become fat** grossir
bed lit (*m.*); **go to bed** se coucher
bedroom chambre (à coucher) (*f.*)
before avant (de)
begin commencer (à)
behind derrière
bell cloche (*f.*)
best meilleur
better mieux, meilleur(e)
between entre
bicycle bicyclette (*f.*), vélo (*m.*)
big grand(e)
black noir(e)
blue bleu(e)
boat bateau (*m.*)

book livre *(m.)*
bookcase étagère *(f.)*
bookstore librairie *(f.)*
boot botte *(f.)*
bore ennuyer; **to get bored** s'ennuyer
born: to be born naître
borrow emprunter
boss patron(ne)
bother ennuyer, gêner
bottle bouteille *(f.)*
bowl bol *(m.)*
box boîte *(f.)*
boy garçon *(m.)*
bracelet bracelet *(m.)*
bread pain *(m.)*
break rompre, casser
breakfast petit déjeuner *(m.)*
bridge pont *(m.)*
bring apporter
brother frère *(m.)*
brown brun(e)
brush brosser; **brush (oneself)** se brosser
build bâtir
but mais
butcher boucher (-ère); **butcher shop** boucherie *(f.)*
butter beurre *(m.)*
buy acheter
by par ; **by bus** en bus

cake gâteau *(m.)*
calculator calculette *(f.)*
call appeler; téléphoner (à)
can pouvoir
candy bonbons *(m. pl.)*
car voiture *(f.)*
card carte *(f.)*; **postcard** carte postale *(f.)*
career carrière *(f.)*
cartoon dessin *(m.)* animé
castle château *(m.)*
cat chat *(m.)*
cathedral cathédrale *(f.)*
celebration fête *(f.)*

cereal céréales *(f. pl.)*
chaine chaîne *(f.)*
chair chaise *(f.)*
chalk craie *(f.)*
change changer; **change one's mind** changer d'avis
charming charmant(e)
chat bavarder
cheap bon marché
check chèque *(m.)*
cheese fromage *(m.)*
chicken poulet *(m.)*
child enfant *(m. /f.)*
childhood enfance *(f.)*.
chocolate chocolat *(m.)*; **chocolate mousse** mousse au chocolat *(f.)*; **chocolate cake** gâteau au chocolat
choose choisir
church église *(f.)*
city ville *(f.)*
clean nettoyer
clock horloge *(f.)*
close fermer
closet penderie *(f.)*
clothing vêtements *(m. pl.)*, habits *(m. pl.)*
cold froid; **to be cold** *(person)* avoir froid; **to be cold** *(weather)* faire froid
comb one's hair se peigner
come venir
comedy comédie *(f.)*
comfortable confortable
composer *(m.)* compositeur
computer ordinateur *(m.)*
conscientious consciencieux (-euse)
cook cuisiner, faire la cuisine
cookie biscuit *(m.)*
correct corriger
cost coûter
country campagne *(f.)*; pays *(m.)*
courageous courageux (-euse)
course cours *(m.)*; **of course**
 bien sûr
cow vache *(f.)*
cream crème *(f.)*
criticize critiquer
cross croix *(f.)*
cry pleurer
cup tasse *(f.)*
cure guérir
cut couper

dance danser
daughter fille *(f.)*
day jour *(m.)*; journée *(f.)*
December décembre *(m.)*
decide décider (de)
defend défendre
delicious délicieux (-euse)
delighted ravi(e)
department département *(m.)*
deserve mériter
desk bureau *(m.)*
dictionary dictionnaire *(m.)*
die mourir
diet régime *(m.)*
difficult difficile
dining room salle à manger *(f.)*
dinner dîner *(m.)*; **eat dinner** dîner
discotheque discothèque *(f.)*
discuss discuter
disobey désobéir
do faire
doctor docteur *(m.)*, médecin *(m.)*
dog chien *(m.)*
doll poupée *(f.)*
door porte *(f.)*
down: go down descendre
downtown en ville
dozen douzaine *(f.)*
dress robe *(f.)*
dress habiller; **dress oneself** s'habiller
drink boire
drug store pharmacie *(f.)*

dry one's hair se sécher les cheveux
during pendant

each chaque
ear oreille *(f.)*
early de bonne heure; tôt
earn gagner
earrings boucles *(f. / pl.)* d'oreille
easy facile
eat manger; **eat dinner** dîner
egg œuf *(m.)*
eight huit
eighteen dix-huit
eighty quatre-vingts
eleven onze
empty vider
end fin *(f.)*
engineer ingénieur *(m.)*
English anglais(e)
enough assez
enter entrer
entire entier (-ière)
entrance entrée *(f.)*
equals font
eraser gomme *(f.)*; brosse *(f.)*
especially surtout
evening soir *(m.)*
ever (ne...) jamais
every chaque; tout (tous, toute, toutes); **every day** tous les jours
everybody tout le monde *(m.)*
everything tout *(m.)*
exchange échanger
expensive cher (-ère)
explain expliquer
eye œil *(m.)* *(pl.* yeux)

face figure *(f.)*, visage *(m.)*
fall tomber
false faux *(f.* fausse)
family famille *(f.)*
famous célèbre
far loin (de)

fast vite, rapidement
fat gros(se); **become fat** grossir
father père *(m.)*
favorite favori(te), préféré(e)
fear peur *(f.)*; **to be afraid** avoir peur
fear craindre
February février *(m.)*
feed nourrir
fifteen quinze
fifty cinquante
fill remplir
finally finalement
find trouver
finish finir, achever, terminer
first premier (-ière)
fish poisson *(m.)*
five cinq
fix réparer
flight vol *(m.)*
flower fleur *(f.)*
food nourriture *(f.)*, aliments *(m. pl.)*
foot pied *(m.)*
for pour, depuis, pendant
forbid défendre, interdire
foreign étranger (-ère)
forget oublier
forty quarante
four quatre
fourteen quatorze
frank franc(he)
freeze geler
French français(e)
French fries frites *(f. pl.)*
fresh frais *(f.* fraîche)
Friday vendredi *(m.)*
friend ami *(m.)*, copain *(m.)* *(f.* copine), camarade *(m. / f.)*
friendly amical(e), aimable
from de; **from the** du, de la, de l', des
front: in front of devant
fruit fruit *(m.)*; **fruit store** fruiterie *(f.)*

full plein(e)
fun: have fun s'amuser
funny drôle, comique, amusant(e)

game match *(m.)*
game show jeu *(m.)* télévisé
garbage ordures *(f. pl.)*
garden jardin *(m.)*
gasoline essence *(f.)*; **gas station** station service *(f.)*
generous généreux (-euse)
gently doucement
get up se lever; **get dressed** s'habiller
gift cadeau *(m.)*
girl fille *(f.)*
girlfriend petite amie *(f.)*
give donner
glass verre *(m.)*
glasses lunettes *(f. pl.)*
go aller; **go back home** rentrer; **go down** descendre; **go out** sortir
good bon(ne); **have a good time** s'amuser
good-bye au revoir
grade note *(f.)*
grandfather grand-père *(m.)*
grandmother grand-mère *(f.)*
grandparents *(m. pl.)* grands-parents
great formidable, super
grow grandir

hair cheveux *(m. pl.)*
half demi(e)
ham jambon *(m.)*
hand main *(f.)*
handsome beau, bel *(f.* belle)
happiness bonheur *(m.)*
happy content(e), heureux (-euse)
hard dur(e)
hat chapeau *(m.)*
have avoir

he il, lui
head tête (f.)
hear entendre
heavy lourd(e)
help aider
her la, lui; son, sa, ses
here ici; **here is, here are** voici
high haut(e)
him lui; le
his son, sa, ses
history histoire (f.)
holiday fête (f.)
home maison (f.); **(at) home** à la maison; **at the home of** chez
homework devoirs (m. pl.); **do homework** faire les devoirs
honest honnête
hope espérer
horse cheval (m.) (pl. chevaux)
hot chaud(e); **to be hot** (person) avoir chaud; **to be hot** (weather) faire chaud
hour heure (f.)
house maison (f.)
housework ménage (m.)
how comment; **how much, many** combien (de)
huge énorme
hundred cent
hurry (up) se dépêcher

I je, moi
ice cream glace (f.)
ice skating patin à glace (m.); **go ice skating** faire du patin à glace
if si
immediately immédiatement, tout de suite
in dans, en, à
inexpensive bon marché
instead (of) au lieu (de)
intend compter
interesting intéressant(e)
it il, le, la

jacket veste (f.)
jam confiture (f.)
January janvier (m.)
jewelry bijoux (m. pl.)
job emploi (m.)
July juillet (m.)
June juin (m.)

keep garder
key clef (f.)
kind gentil(le), aimable
kitchen cuisine (f.)
knife couteau (m.)
know connaître, savoir

lamp lampe (f.)
language langue (f.)
large grand(e)
last dernier (-ière); **last night** hier soir
late tard
later plus tard
laugh rire
lawn pelouse (f.)
lawyer avocat(e)
lazy paresseux (-euse)
lead mener
learn apprendre
leave partir
left gauche
lend prêter
less moins
lesson leçon (f.)
letter lettre (f.)
library bibliothèque (f.)
life vie (f.)
light léger (-ère)
like aimer
lion lion (m.)
listen (to) écouter
little petit(e); peu
live habiter, demeurer, vivre
living room salon (m.)
long long(ue); **a long time** longtemps
longer: no longer ne... plus

look regarder
loose-leaf classeur (m.)
lose perdre
lose weight maigrir
lot: a lot beaucoup; **lots of** beaucoup de
loud fort(e); **louder** plus fort
love aimer
lunch déjeuner (m.)

mail courrier (m.)
make faire
make-up maquillage (m.); **to put on make-up** se maquiller
mall centre commercial (m.)
man homme (m.)
many beaucoup (de); **how many** combien (de)
map carte (f.)
March mars (m.)
marry épouser, se marier avec
mathematician mathématicien(ne)
matter: it doesn't matter ça ne fait rien
May mai (m.)
me me; moi
meal repas (m.)
meat viande (f.)
meet rencontrer, faire la connaissance de
middle milieu (m.), centre (m.)
midnight minuit (m.)
minus moins
mistake faute (f.), erreur (f.)
modern moderne
Monday lundi (m.)
money argent (m.)
month mois (m.)
more plus
morning matin (m.)
mother mère (f.)
mountain montagne (f.)
move déménager
movie film (m.); **movies**

cinéma *(m.)*
mow tondre
much beaucoup; **how much** combien (de)
museum musée *(m.)*
musician musicien(ne)
my mon, ma, mes

name nom *(m.)*
near près (de)
necklace collier *(m.)*
need besoin *(m.)*; **need** avoir besoin de
neighbor voisin(e)
neighborhood quartier *(m.)*
neither... nor ne... ni... ni
nephew *(m.)* neveu
never ne... jamais, jamais
new nouveau, nouvel *(f.* nouvelle)
newspaper journal *(m.)*
next prochain(e)
nice sympathique, agréable, gentil(le); **to be nice** *(weather)* faire beau
niece nièce *(f.)*
night nuit *(f.)*, soir *(m.)*; **night table** table de nuit *(f.)*
nine neuf
nineteen dix-neuf
ninety quatre-vingt-dix
ninth neuvième
no longer ne... plus
no non
no one ne... personne, personne
noise bruit *(m.)*
noon midi *(m.)*
nose nez *(m.)*
not ne... pas
notebook cahier *(m.)*
nothing rien
November novembre *(m.)*
now maintenant
number numéro *(m.);* **phone number** numéro de téléphone

obey obéir
o'clock heure *(f.)*
October octobre *(m.)*
of de, (du, des); **of course** bien sûr
office bureau *(m.)*
often souvent
old vieux, vieil *(f.* vieille); **to be... years old** avoir... ans
once une fois
one un(e)
only seul(e) *(adj.)*; seulement *(adv.)*
open ouvrir; **open up** s'ouvrir
opportunity occasion *(f.)*
or ou
other autre
our notre, nos, le (la) nôtre
out: go out sortir
over there là-bas
owe devoir

P.M. de l'après-midi, du soir
package paquet *(m.)*
paint peindre
painting tableau *(m.)*
panther panthère *(f.)*
pants pantalon *(m.)*
paper papier *(m.)*
park parc *(m.)*; **to park** garer
party fête *(f.)*, boum *(f.)*
pastry pâtisserie *(f.)*; **pastry shop** pâtisserie *(f.)*
pay (for) payer; **pay attention** faire attention (à)
peace paix *(f.)*
pen pal correspondant(e)
pen stylo *(m.)*
pencil crayon *(m.)*; **pencil case** trousse *(f.)*
people gens *(m. pl.)*
perfume parfum *(m.;)* **perfume store** parfumerie *(f.)*
perhaps peut-être

phone téléphone *(m.)*
picture image *(f.)*, illustration *(f.)*, photo *(f.)*
pie tarte *(f.)*
plane avion *(m.)*
play jouer; **play** *(an instrument)* jouer de; **play** *(a sport)* jouer à, faire du
please s'il te plaît, s'il vous plaît
pleasure plaisir *(m.)*
police story film *(m.)* policier
pool piscine *(f.)*
poor pauvre
post office poste *(f.)*, bureau de poste *(m.)*
postcard carte postale *(f.)*
potato pomme de terre *(f.)*
prefer préférer, aimer mieux
prepare préparer
present cadeau *(m.)*
pretty joli(e)
price prix *(m.)*
promise promettre
proud fier (-ière)
punish punir
put (on) mettre

quarter quart *(m.)*
quickly vite, rapidement

rain pleuvoir; pluie *(f.)*
read lire
ready prêt(e)
realize se rendre compte de
really vraiment
receive recevoir
recipe recette *(f.)*
red rouge
remain rester
remember rappeler
repair réparer
repeat répéter
respond répondre
rest se reposer
return *(home)* rentrer; **return**

(*an item*) rendre, retourner
rich riche
ring (*with stone*) bague (*f.*);
  (*without stone*) anneau (*m.*)
river fleuve (*m.*)
road route (*f.*), chemin (*m.*)
room chambre (*f.*), pièce (*f.*)
rug tapis (*m.*)

sad triste
salad salade (*f.*)
same même
s'amuser to have a good time, to have fun
Saturday samedi (*m.*)
say dire
scarf écharpe (*f.*)
school école (*f.*)
season saison (*f.*)
see voir
seem paraître; sembler
seize saisir
selfish égoïste
sell vendre
send envoyer
sentence phrase (*f.*)
September septembre (*m.*)
set: set the table mettre le couvert (la table)
seven sept
seventeen dix-sept
seventy soixante-dix
share partager
shave raser; **shave** (*oneself*) se raser
she elle
shirt chemise (*f.*)
shoe chaussure (*f.*); soulier (*m.*)
shop faire les courses
short court(e)
show montrer
shy timide
sick malade
sing chanter
sister sœur (*f.*)

six six
sixteen seize
sixty soixante
skate patin (*m.*); **to skate** patiner; **to go ice skating** faire du patin à glace
skirt jupe (*f.*)
sleep dormir
sleepy: to be sleepy avoir sommeil
slowly lentement
small petit(e)
snow neiger
so donc; si
sock chaussette (*f.*)
sofa divan (*m.*)
soft doux (*f.* douce)
some du, de la, de l', des, en
someone quelqu'un, on
something quelque chose
sometimes quelquefois, parfois
son fils (*m.*)
song chanson (*f.*)
south sud (*m.*), midi (*m.*)
Spanish espagnol(e)
speak parler
spend dépenser (*money*); passer (*time*)
sport sport (*m.*)
spring printemps (*m.*)
stadium stade (*m.*)
stamp timbre (*m.*)
start commencer (à); **start out** se mettre en route
state état (*m.*)
station gare (*f.*)
stay rester
stereo chaîne stéréo (*f.*)
still encore
stop arrêter; s'arrêter
store magasin (*m.*)
story histoire (*f.*)
street rue (*f.*)
strict sévère
strong fort(e)

student élève (*m./f.*), étudiant(e)
study étudier
subway métro (*m.*)
succeed réussir
success succès (*m.*)
suitcase valise (*f.*)
summer été (*m.*)
sun soleil (*m.*); **to be sunny** faire du soleil
sweater pull (*m.*)
swim nager

table table (*f.*); **set the table** mettre le couvert
take prendre
talk parler
tall grand(e)
teach enseigner
telephone téléphone (*m.*)
television télévision (*f.*)
tell dire
ten dix
than que
thank remercier
thank you merci
that que; qui; ce, cet, cette
the le, la, l', les
theater théâtre (*m.*)
their leur, leurs
them eux, elles, les
then puis, alors, ensuite
there là; y; **over there** là-bas; **there is / are** il y a; voilà
these ces
they ils, elles
thing chose (*f.*)
think penser; réfléchir
thirst soif (*f.*); **to be thirsty** avoir soif
thirteen treize
thirty trente
this ce, cet, cette
this is voici
those ces, ceux, celles
thousand mille, mil (*in dates*)

three trois
Thursday jeudi *(m.)*
tiger tigre *(m.)*
time temps *(m.)*; **all the time** tout le temps; **from time to time** de temps en temps; **have a good time** s'amuser; **a long time** longtemps; **on time** à l'heure
to à; **in order to** pour
today aujourd'hui
together ensemble
tomorrow demain *(m.)*
tonight ce soir
too aussi
towards vers
travel voyager
tree arbre *(m.)*
trip voyage *(m.)*; **to take a trip** faire un voyage
true vrai(e)
truth vérité *(f.)*
try essayer (de)
Tuesday mardi
twelve douze
twenty vingt
two deux

umbrella parapluie *(m.)*
uncle oncle *(m.)*
under sous
understand comprendre
undress se déshabiller
unhappy triste, malheureux (-euse)
United States États-Unis *(m. pl.)*
university université *(f.)*
until jusqu'à
upstairs en haut; **go upstairs** monter
us nous

useful utile
useless inutile
usually généralement, d'habitude

vacation vacances *(f. pl.)*; **to go on vacation** aller en vacances
vegetable légume *(m.)*
very très
video game jeu *(m.)* vidéo
visit visiter, rendre visite à *(person)*

wait (for) attendre
waiter serveur *(m.)*
waitress serveuse *(f.)*
wake réveiller; **wake (oneself)** se réveiller
walk marcher; promener; **to go for a walk** se promener; **to take a walk** se promener
wall mur *(m.)*
wallet portefeuille *(m.)*
want désirer, vouloir
wash laver; **wash (oneself)** se laver; **wash the dishes** faire la vaisselle
watch regarder; garder; surveiller
watch montre *(f.)*
water eau *(f.)*; **mineral water** eau minérale
we nous
weak faible
wear porter
weather temps *(m.)*; **bad weather** mauvais temps
Wednesday mercredi *(m.)*
week semaine *(f.)*
weekend fin *(f.)* de semaine
well bien

what que, qu'est-ce que, quoi; quel(le); ce que
when quand
where où
which qui, que; **which (one)** lequel
while pendant
white blanc *(f. blanche)*
who qui
whole entier (-ière); tout
whom qui
whose à qui, de qui
why pourquoi
wife femme *(f.)*
win gagner
wind vent *(m.)*; **to be windy** faire du vent
window fenêtre *(f.)*
winter hiver *(m.)*
with avec
without sans
woman femme *(f.)*
wonder se demander
wonderful merveilleux (-euse), formidable
word mot *(m.)*
work travailler; marcher *(machines)*; travail *(m.)*
world monde *(m.)*
worry s'inquiéter
write écrire
writer écrivain

year an *(m.)*; année *(f.)*; **to be... years old** avoir... ans
yes oui
yesterday hier
yet encore; **not yet** pas encore
you tu, toi, vous
young jeune; **young people** jeunes gens *(m. pl.)*
your ton, ta, tes, votre, vos